Sa'adatu Sani Hanga

Um guia para a implementação do programa ECCDE

Sa'adatu Sani Hanga

Um guia para a implementação do programa ECCDE

ScienciaScripts

Imprint

Any brand names and product names mentioned in this book are subject to trademark, brand or patent protection and are trademarks or registered trademarks of their respective holders. The use of brand names, product names, common names, trade names, product descriptions etc. even without a particular marking in this work is in no way to be construed to mean that such names may be regarded as unrestricted in respect of trademark and brand protection legislation and could thus be used by anyone.

Cover image: www.ingimage.com

This book is a translation from the original published under ISBN 978-3-659-94002-6.

Publisher:
Sciencia Scripts
is a trademark of
Dodo Books Indian Ocean Ltd. and OmniScriptum S.R.L publishing group

120 High Road, East Finchley, London, N2 9ED, United Kingdom
Str. Armeneasca 28/1, office 1, Chisinau MD-2012, Republic of Moldova, Europe
Printed at: see last page
ISBN: 978-620-7-94857-4

Índice:

UM GUIA PARA A IMPLEMENTAÇÃO DO PROGRAMA DE EDUCAÇÃO E DESENVOLVIMENTO PARA A PRIMEIRA INFÂNCIA

Os conteúdos curriculares da ECCDE devem conter tudo o que as crianças podem fazer - ver - ouvir - sentir - pensar - manipular

Dr. Sa'adatu Sani Hanga Ph.D

DEDICAÇÃO

Este livro é dedicado ao meu querido marido, irmão e melhor amigo, Alhaji Farouk Lawal Yola, aos meus filhos Muhammad, Abubakar (Sadik), Umar, Ali, Usman, Aisha e Amina Farouk Yola e aos meus netos, Muhammad Mus'ab e Sa'adatu S. Farouk Yola. Que Alá Todo-Poderoso vos guie, abençoe e proteja a todos. Amém.

AGRADECIMENTOS

O meu maior agradecimento e gratidão vai, antes de mais, para Alá (S.W.T.), que ensina através da pena; o mais benéfico e o mais misericordioso. Que a Sua paz e as Suas bênçãos estejam sobre o nosso exaltado Mensageiro e Profeta, Muhammad (SAW). Os meus sinceros agradecimentos e apreço vão para a Dra. (Sra.) H.O.Yusuf pelas suas críticas, correcções e sugestões. Os seus valiosos contributos ao longo das várias fases ajudaram-me a melhorar a qualidade do trabalho. Que Alá Todo-Poderoso lhe conceda o que ela mais deseja, Ámen. Os meus sinceros agradecimentos e apreço vão também para os meus professores, com quem aprendi muito, contribuindo assim para a conclusão bem sucedida deste trabalho. Mais concretamente, o Dr. A. Guga, a Dra. (Sra.) H.O. Yusuf, o Prof. Garba Sa'ad, o Prof. Raymond Bako, o Prof. Mamman Musa e o Dr. Bashir A. Maina. Que eles e as suas famílias continuem a ser abençoados.

A minha profunda gratidão vai para o Dr. Khairat Salahudeen Yusuf, que não só ajudou a fornecer materiais e orientação para a redação deste livro, como também me incentivou e encorajou a escrever o livro. Por último, mas não menos importante, o meu marido, Farouk Lawal Yola, sem o seu apoio, encorajamento, consentimento, orações e ajuda, tanto a nível financeiro como académico, a prossecução deste curso não teria sido bem sucedida ou alcançada. O seu amor é-me muito querido.

Que Deus Todo-Poderoso guie, abençoe e proteja todas as pessoas mencionadas. Amém. Alhamdulillah! Alhamdulillah!!! Alhamdulillah!!!

PREFÁCIO

O desenvolvimento e a educação na primeira infância é um programa que serve as crianças nos anos pré-escolares antes do ensino primário. Foi concebido para ajudar a melhorar o desempenho escolar posterior. Destina-se a crianças com idades compreendidas entre os 0 e os 8 anos e é fundamental para o desenvolvimento cognitivo, afetivo e psicomotor. O programa também foi reconhecido como um catalisador para o desenvolvimento notável do cérebro. Uma educação pré-escolar bem sucedida para a criança floresce em ambientes de aprendizagem ativa ou "meios disposicionais" bem planeados, em que o pessoal é bem formado, confiante e apoiado no seu trabalho.

A educação e o desenvolvimento dos cuidados na primeira infância contribuem para a sobrevivência, o crescimento, o desenvolvimento e a saúde das crianças. Infelizmente, apesar de todas as vantagens e benefícios do programa, muitas crianças são deixadas para trás no acesso ao mesmo. No entanto, os benefícios, os recursos necessários e os métodos para a implementação do currículo de educação e desenvolvimento dos cuidados na primeira infância foram identificados e destacados neste livro. Entre os objectivos deste livro, contam-se ajudar as partes interessadas e os estudantes a comparar questões relativas ao programa a partir de diferentes perspectivas; e ajudar os professores a identificar materiais e métodos relevantes para a implementação do currículo. Por último, é de salientar às partes interessadas, especialmente aos pais, a importância do desenvolvimento dos cuidados e da educação na primeira infância, não só para o desempenho académico subsequente da criança na fase posterior da sua educação, mas também para o desenvolvimento nacional.

Capítulo 1

POLÍTICA E OBJECTIVOS DA EDUCAÇÃO E DO DESENVOLVIMENTO DOS CUIDADOS NA PRIMEIRA INFÂNCIA

Uma educação de qualidade nos primeiros anos de vida de uma criança é muito importante e não há como negar o facto de que estes anos de formação têm um grande impacto na vida futura da criança e, consequentemente, no desenvolvimento nacional. Essencialmente, o desenvolvimento físico, emocional e cognitivo da criança, se for devidamente cuidado, beneficiará a criança e a nação em geral. É por isso que o objetivo da Educação para Todos (EPT) insta todas as nações a alargarem os serviços de cuidados e educação na primeira infância a todas as crianças, em especial às vulneráveis e desfavorecidas, até ao ano 2015.

O sistema de ensino na Nigéria antes de 1999 era de seis anos na escola primária, três anos na escola secundária júnior e três anos na escola sénior. O Governo Federal da Nigéria, na edição de 6th da Política Nacional de Educação, é muito claro quanto à importância do ensino básico, uma vez que a edição destaca e enfatiza, entre outros aspectos, "a consolidação do ensino pré-escolar, primário e secundário numa educação básica de 10 anos, em conformidade com a UBE e a sua lei de criação".

No entanto, o currículo foi analisado e revisto em 2003/2004, utilizando uma abordagem integrada da base para o topo, dirigida a crianças com idades compreendidas entre os 0 e os 5 anos. Este currículo revisto foi aprovado para utilização pelo governo e estava a ser desenvolvido um manual de formação para facilitar a utilização do currículo. Esperava-se que o manual de formação promovesse a abordagem integrada e fizesse convergir todas as intervenções sectoriais - saúde, nutrição, água e saneamento ambiental, cuidados psico-sociais, aprendizagem precoce, proteção da criança - com o objetivo de cumprir os direitos de todas as crianças pequenas e de criar um ambiente propício à sua sobrevivência, vida, aprendizagem e realização de todas as suas potencialidades.

Objectivos do desenvolvimento dos cuidados e da educação na primeira infância na Nigéria

Os centros de desenvolvimento e educação da primeira infância (ECCDE), os centros de dia e os grupos de jogos destinam-se normalmente a crianças com idades compreendidas entre os 0 e os 2 anos e os 2 e os 3 anos. A Lei UBE de 2004 tem um âmbito alargado que inclui programas e iniciativas para a educação e desenvolvimento na primeira infância. O programa UBE prevê que todas as escolas primárias públicas tenham uma ligação com a escola pré-primária para atender às crianças com idades entre os 3 e os 5 anos. Agora que o programa de Desenvolvimento da Primeira Infância está abrangido pela lei UBE, a propriedade do governo a nível do Estado/LGA/comunidade irá certamente aumentar, particularmente no que diz respeito aos centros que servem as crianças de 3-5 anos.

Na Nigéria, os Cuidados, Desenvolvimento e Educação na Primeira Infância (ECCDE) são os cuidados, a proteção, a estimulação e a aprendizagem promovidos em crianças dos 0 aos 4 anos de idade numa creche ou num infantário. O objetivo, de acordo com a NPE (2013), é:
- efetuar uma transição suave de casa para a escola;
- preparar a criança para o nível primário de ensino;
- prestar cuidados, supervisão e segurança adequados às crianças enquanto os pais estão a trabalhar;
- inculcar normas e valores sociais e morais;
- inculcar na criança o espírito de investigação e de criatividade através da exploração da natureza, do ambiente, da arte, da música e da utilização de brinquedos, etc;
- desenvolver o sentido de cooperação e o espírito de equipa;

- estimular na criança bons hábitos, incluindo bons hábitos de saúde; e
- ensinar os rudimentos dos números, das letras, das cores, das formas, etc., através do jogo.

De acordo com a UNICEF (2003), a Lei sobre os Direitos da Criança e a UBE (2004), a Lei sobre as Políticas Nacionais de Educação, Alimentação, Nutrição e Saúde, são leis e políticas que deram forma a diferentes intervenções sectoriais sobre o Desenvolvimento dos Cuidados e Educação na Primeira Infância no país. Atualmente, porém, existe uma política de Desenvolvimento Integrado da Primeira Infância (DPI) que integra intervenções dos vários sectores para promover uma abordagem holística integrada do desenvolvimento da criança nos seus primeiros anos de vida. Espera-se que esta política autónoma colmate as lacunas observadas nas políticas sectoriais existentes, por exemplo, a Política Nacional de Educação e a Lei UBE, que não prevêem disposições específicas para as crianças dos 0 aos 3 anos.

Os ECCDE são serviços destinados a crianças em idade escolar obrigatória que envolvem elementos de cuidados físicos e de educação. Para além de contribuírem de forma decisiva para a estimulação cognitiva, a socialização, a educação precoce e o desenvolvimento da criança, os serviços de educação e de acolhimento precoce são, na maioria dos casos, serviços essenciais prestados aos pais empregados. O programa também pode ser prestado antes ou depois das crianças em idade escolar primária. Os programas ECCDE incluem uma vasta gama de programas de dia parcial, dia letivo completo e dia inteiro de trabalho sob os auspícios da educação, da saúde e da assistência social, financiados e prestados de várias formas, tanto no sector público como no privado. A educação pré-escolar é também designada como a educação ministrada numa instituição às crianças antes da sua entrada na escola primária. Inclui a creche, o infantário e o jardim de infância.

Os primeiros anos de vida de uma criança são os mais importantes para a formação da inteligência, da personalidade e do comportamento social de uma criança. Os anos que antecedem a chegada de uma criança ao jardim de infância são dos mais críticos na sua vida para influenciar a aprendizagem. É por isso que as sociedades modernas se preocupam seriamente com a educação dos seus jovens, prestando-lhes o apoio necessário para os preparar para o sucesso escolar. No entanto, relatórios de todo o mundo revelam que se estima em cem milhões o número de crianças que lutam diariamente pela sobrevivência nas aldeias e nas cidades e que estão expostas aos riscos da fome, da pobreza, da doença, da iliteracia e dos abusos. A necessidade de resolver os problemas e de salvar estas crianças e a próxima geração de crianças destas ameaças tornou necessário o programa de Educação e Desenvolvimento dos Cuidados na Primeira Infância. O objetivo do ECCDE é promover o desenvolvimento adequado das crianças, identificar e resolver os seus problemas, aproveitar as suas potencialidades, remodelar o seu carácter, melhorar a sua aprendizagem, bem como equipá-las para a vida, de modo a que as suas acções sejam orientadas para um desenvolvimento positivo, pessoal, comunitário e global em todas as ramificações da vida.

O período em torno de 1990 marcou mudanças significativas para as crianças e para a ECCDE a nível internacional. Em 20 de novembro de 1989, a Convenção sobre os Direitos da Criança (CDC) foi formalmente adoptada pela Assembleia Geral das Nações Unidas; a assinatura teve início em 26 de janeiro de 1990, tendo 61 países assinado o documento nesse dia. Em setembro de 1990, 20 países tinham ratificado a Convenção, transformando-a em direito internacional, pelo que a UNICEF (2001) afirmou que tinha sido "ratificada mais rapidamente e por mais países do que qualquer outro instrumento anterior de direitos humanos".

Na idade de 0-8 anos, a criança começa definitivamente a tornar-se uma "pessoa", pelo que a política nacional de educação também prevê que os níveis apropriados de governo (estatal e local) sejam obrigados a estabelecer e a aplicar leis educativas que garantam que as escolas pré-primárias estabelecidas sejam bem geridas, que os professores pré-primários sejam bem qualificados e que sejam disponibilizadas outras infra-estruturas académicas adequadas. Do mesmo modo, os Ministérios da Educação devem assegurar a manutenção de padrões elevados.

Apesar de tudo isto, é importante sublinhar que, se não forem feitos esforços para avaliar a implementação do currículo de desenvolvimento e educação da primeira infância, o programa pode enfrentar desafios, tal como o programa UPE, não só na zona geopolítica do Noroeste da Nigéria, mas também em todo o país. Os primeiros anos de vida (0-8) são os mais importantes para a formação da inteligência, da personalidade e do comportamento social de uma criança. Daí a razão pela qual este estudo procurou descobrir os desafios enfrentados pela implementação do currículo ECCDE de 2004 a 2015, a fim de chamar a atenção das partes interessadas para acções correctivas que facilitem a implementação eficaz do programa na zona.

Capítulo 2
DESENVOLVIMENTO E
EDUCAÇÃO DA PRIMEIRA INFÂNCIA

Uma educação de qualidade na primeira infância ajuda as crianças a desenvolverem o seu potencial, o seu desenvolvimento intelectual e promove o seu desenvolvimento social, físico, emocional e cognitivo.

A UNESCO (2014), afirmou que a primeira infância é definida como o período entre o nascimento e os oito (0-8) anos de idade. É um período de notável crescimento do cérebro, e estes anos estabelecem as bases para a aprendizagem e o desenvolvimento subsequentes. A primeira infância, que abrange o período dos 0 aos 8 anos de idade, é fundamental para o desenvolvimento cognitivo, social, emocional e físico. Durante estes anos, o cérebro recém-desenvolvido de uma criança é altamente plástico e reativo à mudança, uma vez que milhares de milhões de circuitos neurais integrados são estabelecidos através da interação da genética, do ambiente e da experiência. Assim, o desenvolvimento ideal do cérebro requer um ambiente estimulante, nutrientes adequados e interação social com prestadores de cuidados atentos.

Cherry (2015), por outro lado, vê a primeira infância como um período de notável desenvolvimento físico, cognitivo, social e emocional. Os bebés chegam ao mundo com uma gama limitada de competências e capacidades. Ver uma criança desenvolver novas competências motoras, cognitivas, linguísticas e sociais é uma fonte de admiração para os pais e prestadores de cuidados.

Educação de Infância:

Swartout (2015), afirmou que consiste em actividades e/ou experiências que se destinam a efetuar mudanças no desenvolvimento das crianças antes da sua entrada no ensino básico. Swartout afirmou ainda que os programas de educação na primeira infância (EPI) incluem qualquer tipo de programa educativo que sirva as crianças nos anos pré-escolares e que seja concebido para melhorar o desempenho escolar posterior.

Cuidados e educação na primeira infância:

Zafeirakon (2015) afirmou que 40% das crianças nos países em desenvolvimento vivem em condições de pobreza extrema e que 10,5 milhões de crianças com menos de 5 anos morrem anualmente de doenças evitáveis. Defendeu que o investimento em cuidados e educação de qualidade na primeira infância pode melhorar o seu bem-estar e colmatar o fosso entre educação e pobreza. As crianças de tenra idade, especialmente as mais pobres e desfavorecidas, que beneficiam dos serviços da ECCDE, têm mais probabilidades de serem saudáveis, de estarem prontas para aprender, de permanecerem mais tempo na escola e de terem um melhor desempenho escolar.

Por conseguinte, a qualidade da educação pré-escolar recebida por uma criança tem um impacto direto no seu desenvolvimento positivo a nível da linguagem e da matemática, bem como nas competências sociais e comportamentais.

Fornecimento de ECCDE de qualidade numa variedade de contextos

Hanga (2016) afirmou que a qualidade da educação pré-escolar que uma criança recebe pode ter uma influência significativa e um impacto positivo no desenvolvimento da criança em termos de competências linguísticas e matemáticas, bem como de pensamento crítico e de competências sociais e comportamentais. Por conseguinte, certas características diferenciam os contextos de aprendizagem precoce de alto nível e são as seguintes

1. **Professores/cuidadores qualificados:** São aqueles que se especializam em programas para a primeira infância ou que possuem a formação adequada necessária para executar o programa.

2. **Programa padrão:** Este é o programa ECCDE que implica o desenvolvimento global da criança, incluindo a sua saúde, segurança e proteção.
3. **Currículo e actividades:** Diferentes cursos, materiais/recursos e abordagens de ensino, bem como métodos, devem fazer parte do currículo, a fim de enriquecer o ambiente de aprendizagem das crianças. Ao fazê-lo:
a. O currículo deve incluir inovações recentes sobre o desenvolvimento infantil, centrando-se em objectivos de aprendizagem específicos para as crianças.
b. As actividades, os materiais e os deveres devem ser fornecidos com base nas idades das crianças, nas suas necessidades, interesses e capacidades que incluam e apoiem os três domínios cognitivos (aprender, compreender e recordar), efectivos (pensar, raciocinar e recordar) e psicomotores (movimento físico, coordenação e utilização de partes do corpo).
c. Um bom currículo deve conter um equilíbrio de desenvolvimento físico com os materiais de jogo necessários e actividades estruturadas para o aluno num ambiente seguro e estimulante.

Capítulo 3

O que é o currículo?

O currículo não tem uma definição única e a palavra "currículo" tem origem no latim, que significa "Currere", ou seja, "fazer um curso". Mais tarde, é utilizada para imputar um "curso de estudo"; ou tudo o que está planeado para ser ensinado pelo professor ou facilitador aos alunos ou aprendentes a qualquer nível dentro e fora da escola. Também pode ser definido como todos os cursos planeados para um grupo específico de alunos ou aprendentes durante um período específico. Currículo pode significar um programa de estudos que consiste num conjunto de disciplinas ou numa sequência de cursos, conteúdos, tópicos a ensinar, objectivos a atingir ou métodos a utilizar. Para além disso, pode ser considerado como:
- instalações de infra-estruturas
- materiais didácticos a utilizar
- recursos humanos necessários
- o que é ensinado na escola
- um conjunto de objectivos gerais
- um conjunto de objectivos comportamentais
- todas as actividades que se desenrolam na sala de aula ou na escola
- todas as experiências recebidas no âmbito da escolaridade.

Numa outra perspetiva e tendo em conta as definições acima mencionadas, pode concluir-se que o currículo é o que está planeado para ser ensinado pelos professores/facilitadores aos alunos/aprendentes a qualquer nível, dentro e fora da escola. Também pode ser considerado como os cursos planeados para um grupo específico de alunos/aprendentes durante um período específico (graduação ou certificado). No entanto, o que é importante é que o sucesso ou o fracasso de um currículo depende da qualidade do plano do professor e da implementação dos seus conteúdos.

Para Ebert, Ebert e Bentley (2013), o currículo refere-se aos meios e materiais com os quais os alunos irão interagir com o objetivo de alcançar resultados educativos identificados, acrescentando que o currículo se baseia no estudo da gramática, da retórica e da lógica.

Agusiobo (2003) definiu o currículo como um quadro organizado que estabelece o conteúdo que as crianças devem aprender; os processos através dos quais o currículo é estabelecido para elas; é o que os avaliadores fazem para ajudar as crianças a atingir esses objectivos e o contexto em que o ensino e a aprendizagem ocorrem.

Henson (2001), definiu currículo como uma palavra latina que originalmente significa "pista de corrida". Tradicionalmente, o termo significa uma lista de cursos, mas ao longo dos anos, diferentes pessoas têm diferentes percepções sobre o mesmo. Para algumas pessoas, o currículo tem sido equiparado a um plano de aprendizagem.

Yusuf (2012) definiu o currículo como um programa planeado de oportunidades de aprendizagem que visa atingir metas gerais e objectivos relacionados, acrescentando que pode ser visto a partir de diferentes dimensões. Yusuf também opinou que o currículo é a arte e a ciência do que é planeado e feito dentro e fora da escola para efeitos de ensino e aprendizagem eficazes.

Em suma, o currículo é concebido como a totalidade das experiências do aluno que ocorrem no processo educativo. O termo, muitas vezes especificamente, refere-se a uma sequência planeada de instrução ou às experiências de aprendizagem do aluno em termos dos objectivos de instrução do professor ou da escola.

O que é a implementação?

Implementação significa atualização, ou utilização, ou tradução de um conceito, modelo, conceção, inovação, política, etc., em ação para a realização dos objectivos desejados. A implementação é o elemento mais importante de todos os tipos de processos curriculares, porque independentemente da forma como um currículo é planeado, organizado e desenvolvido de forma lógica e inclusiva, se a sua implementação falhar, todo o processo está condenado a falhar também.

Fixson, Blase, Friedman e Wallace (2005) definiram a implementação como um conjunto específico de actividades concebidas para pôr em prática uma atividade ou um programa de dimensões conhecidas. De acordo com esta definição, os processos de implementação são intencionais e são descritos com detalhes suficientes para que observadores independentes possam detetar a presença e a força do conjunto específico de actividades relacionadas com a implementação. Além disso, a atividade ou programa que está a ser implementado é descrito com detalhes suficientes para que observadores independentes possam detetar a sua presença e força.

Buoro (2000) afirmou que a implementação implica pôr o currículo a funcionar, considerando os processos necessários para alcançar os resultados comportamentais previstos no aluno. Suleiman (2012), no entanto, postulou que a implementação é o Aquiles do planeamento educacional, afirmando que, mesmo quando um plano é racional, abrangente e coerente, a sua implementação pode ser parcial, lenta e ineficiente e o resultado final pode mesmo ser inferior ao que se esperava na ausência de um plano.

Em conclusão, podemos afirmar com segurança que a implementação implica traduzir as metas e os objectivos gerais de uma política ou de um programa, com base nos objectivos comportamentais específicos do professor, em realizações concretas através da execução de várias actividades. Também pode ser suficiente dizer que a implementação significa simplesmente traduzir coisas como uma política, um programa ou qualquer atividade em ação ou prática. Fundamentalmente, a implementação eficaz é a chave para o sucesso ou fracasso da realização dos objectivos de qualquer programa.

Implementação do currículo

É o processo de pôr o currículo em prática, ou ação, em que os professores traduzem o que foi planeado, organizado e desenvolvido para a fase de "documento curricular". A implementação é o processo mais importante em todos os processos curriculares.

As fases de implementação do currículo incluem a divisão do currículo em esquemas de trabalho, a planificação da aula, a organização dos materiais didácticos e a seleção do(s) método(s) adequado(s) a utilizar pelo professor e a realização de experiências (execução de uma série de acções através da prática) tanto pelo professor como pelos alunos. Envolve também a interação dos professores com o currículo; do professor com o aluno; do aluno com o aluno; e do aluno com os materiais. Tudo isto acontece através da pedagogia, que o professor decide como adequada ao conteúdo ou ao tema, como trabalhos de grupo, workshops, narração de histórias, visitas de estudo, excursões, palestras, etc. Além disso, a implementação do currículo envolve a avaliação do que foi ensinado pelo professor, a fim de avaliar o objetivo comportamental (resultado).

Hargreaves (2000) identificou quatro áreas que caracterizam a natureza multidimensional da mudança educativa, nomeadamente: política, contextos, emoções e caos/complexidade. Ifeyinwa (2007) argumentou que, quando os conteúdos curriculares são adequadamente implementados com os materiais apropriados necessários para o efeito, o aluno consegue muito, acrescentando que um aluno que está bem fundamentado em aptidões e competências apropriadas torna-se não só eficaz, mas também competente e satisfeito na sua vida. Buoro (2000) definiu a implementação do currículo como parte do processo, que envolve determinar se a escola recebeu ou não os materiais recomendados; determinar se estão a ser utilizados; e avaliar as atitudes e a compreensão dos professores e dos alunos em relação aos resultados desejados. Buoro também afirmou que a implementação do currículo implica pô-lo a funcionar, considerando o processo necessário para atingir e prever os resultados comportamentais dos alunos.

Anwuka (2001) afirmou que a medida em que um currículo é implementado na sala de aula está associada ao envolvimento dos professores no processo. Não se pode presumir que o envolvimento dos professores no desenvolvimento do currículo garanta uma implementação bem sucedida, mas é óbvio que quando as inovações curriculares são estranhas ou ameaçadoras para a maioria dos professores, por mais realistas que sejam na abordagem das questões do mundo contemporâneo, muitas vezes falham na fase de implementação. Anwuka afirmou ainda que a medida em que um currículo é implementado na sala de aula está associada ao envolvimento do professor no processo. Hang (2016), afirmou que os professores, ou não compreendem o que o currículo efetivamente exige deles, ou simplesmente recusam-se a assumir um compromisso genuíno para garantir o seu sucesso.

Onyeachu (2008), definiu a implementação do currículo como o processo de pôr em prática na sala de aula tudo o que foi planeado num documento curricular, através dos esforços combinados dos professores, alunos, administradores escolares, pais, bem como da interação com as instalações físicas, materiais didácticos e ambiente psicológico e social.

Por conseguinte, pode afirmar-se que o êxito da implementação de qualquer currículo depende do comportamento, das atitudes e das qualificações dos professores, tais como a dedicação, o trabalho árduo, o interesse, o empenho e a posse dos conhecimentos necessários sobre a matéria. Isto manifesta-se normalmente através do desempenho dos alunos/aprendentes. A implementação do currículo é a "passagem das metas/objectivos do currículo do papel para a prática". Isto significa que o processo começa quando o currículo é entregue ao professor e termina quando os alunos são expostos às experiências de aprendizagem prescritas pelo currículo. Quando o conteúdo do currículo é traduzido e transmitido com sucesso aos alunos, o resultado será um desempenho positivo.

De acordo com Gordon e Browne (2004), o currículo de cuidados e educação na primeira infância (ECCE), planeado ou não planeado, é tudo o que as crianças fazem, vêem, ouvem e sentem, conforme ilustrado abaixo:

Diagrama sobre a implementação do currículo

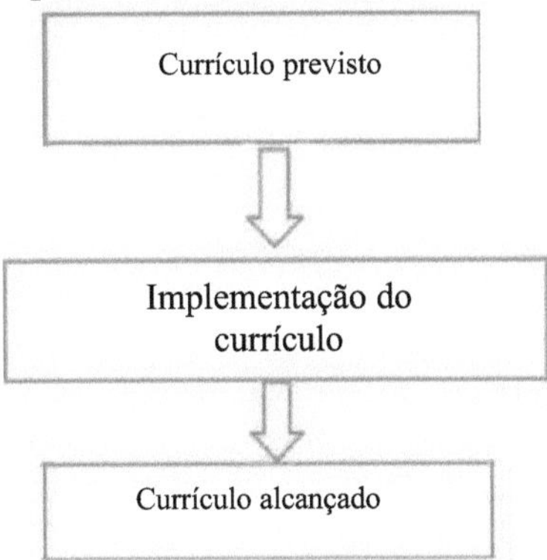

Com base no diagrama, é muito claro que os professores devem desempenhar um papel mais significativo na conceção do currículo. Devem também ser envolvidos no planeamento e desenvolvimento do currículo, de modo a poderem implementá-lo e modificá-lo em benefício dos seus alunos.

A implementação do currículo, seja a que nível for, por mais perfeito que seja o seu planeamento e conceção, não pode ser eficazmente realizada sem recursos eficazes, cuja seleção deve basear-se na idade, interesse, necessidades e capacidades dos alunos. Embora o planeamento e o desenvolvimento precedam a implementação nos processos curriculares, a implementação tem mais peso do que os dois. Isto porque, por muito bem planeado e desenvolvido que seja um currículo, a realização dos seus objectivos gerais não pode ser concretizada se a sua implementação falhar.

A gestão de qualquer sistema educativo requer ideias elevadas e planeamento crítico, através da utilização de iniciativas políticas realistas, estratégias e mecanismos de implementação eficazes. É pertinente notar que uma das principais formas de concretizar o objetivo e garantir que o desenvolvimento da criança é holístico é o desenvolvimento da capacidade das pessoas que lidam com os alunos. Só quando os professores/cuidadores tiverem as competências necessárias para educar eficazmente a criança ao nível do ECCDE é que os objectivos e a finalidade do programa enumerados em qualquer política serão realizados.

Capítulo 4

Directrizes curriculares do ECCDE na Nigéria

As directrizes curriculares para as escolas pré-primárias nigerianas foram concebidas e desenvolvidas pelo Conselho de Investigação e Desenvolvimento Educacional da Nigéria (NERDC) e foram publicadas pela primeira vez em 1988, reimpressas em 1989, 1990, 2003, 2005, 2006, 2007 e 2008.

Implementação do currículo ECCDE na Nigéria

As orientações curriculares para o ensino pré-primário (creche) nigeriano prevêem teoricamente que o objetivo de um bom programa de creche é envolver as crianças de 3 a 5 anos em brincadeiras construtivas. A aprendizagem deve ter lugar informalmente, enquanto as actividades ou experiências que promovem a aprendizagem incidental através do jogo devem ser utilizadas para o desenvolvimento da criança.

O NERDC (2008) afirmou que, ao utilizar o conteúdo das directrizes, o professor deve ter em conta o facto de que os indivíduos diferem muito, não só nas suas características físicas, mas também nas suas capacidades mentais. Dado que as crianças se desenvolvem em fases diferentes, deve salientar-se que cada criança é única e que existe um vasto leque de capacidades entre crianças do mesmo grupo etário na mesma sala de aula. Por conseguinte, os professores devem ter em conta a importância das diferenças individuais na oferta de instalações e programas educativos.

As necessidades identificadas das crianças

As directrizes curriculares do NERDC (2008) para as escolas pré-primárias (infantários) destacam as seguintes necessidades a ter em conta na implementação do currículo ECCDE na Nigéria:

(i)   Necessidades físicas

A criança deve ser ajudada a utilizar as suas capacidades sensório-motoras através da disponibilização de ar fresco, espaço adequado, materiais lúdicos, boa alimentação, formação em higiene pessoal, cuidados médicos regulares e deve ser encorajada a descansar.

(ii)   Necessidades sócio-emocionais

A criança deve ser ajudada a formar e a manter relações estáveis, a desenvolver o amor e a autoconfiança, a desenvolver o autocontrolo, a cuidar de si própria, a realizar tarefas adequadas e a desenvolver um sentido de responsabilidade. Deve também ser ajudada a ter consideração pelos outros, sejam eles humanos ou não humanos, a adquirir um sentido do certo e do errado e, de um modo geral, a desenvolver uma personalidade estável capaz de lhe permitir ocupar o lugar que lhe compete na sociedade em que se encontra.

(iii)   Necessidades intelectuais

Deve ser criado um ambiente razoável e estimulante através do qual a criança possa aprender ao seu próprio ritmo e velocidade, desenvolver as competências conceptuais básicas necessárias para a vida e ter um repertório linguístico razoável para uma comunicação significativa. A criança deve também ser ajudada a preparar-se para o ensino primário. Do mesmo modo, através da utilização de brinquedos, jogos, música, teatro e arte, a criatividade da criança será fomentada. Espera-se também que, ao identificar estas necessidades, se eliminem as dificuldades de aprendizagem resultantes da dicotomia rural/urbano, do ambiente doméstico e do contexto cultural.

(iv)   Necessidades estéticas

Ao experimentar uma variedade de materiais locais, a criança desenvolve uma apreciação por obras de arte, música, etc. Aprenderá também a cuidar do seu ambiente e a participar na sua beleza. De um modo geral, este tipo de guia baseia-se no princípio de que as crianças precisam de relações humanas calorosas, de experiências reais e activas, de segurança, de estímulos, de oportunidades de auto-afirmação e de independência, bem como da companhia dos mais velhos e do seu grupo etário.

(v)   Crianças com necessidades especiais

As crianças com necessidades especiais em idade pré-escolar podem incluir:

a. Crianças sobredotadas
b. Crianças que são privadas em resultado de condições socioeconómicas e familiares adversas, tais como lares desfeitos, perda dos pais, etc.
c. Crianças com defeitos físicos.
d. Crianças com deficiências mentais.
e. Crianças com problemas emocionais.

Para impedir uma maior deterioração do estado de alguns dos grupos acima referidos, as directrizes do NERDC referem que deve haver uma identificação precoce dessas crianças, com vista a dar-lhes o apoio necessário e a satisfazer as suas necessidades através de uma atenção individual na situação pré-escolar e a proporcionar uma forma de as crianças sobredotadas poderem enfrentar desafios através de programas especialmente concebidos.

(a) **Programas para as crianças sobredotadas:** apresentam-se a seguir exemplos de programas que podem ser utilizados para as crianças sobredotadas:
  (i)   As competências de leitura podem ser desenvolvidas precocemente para permitir que a criança trabalhe por si própria.
  (ii)   Devem ser proporcionadas muitas oportunidades para participar em debates estimulantes, actividades de investigação, etc.
  (iii) A construção de objectos deve ser prevista e incentivada
  (iv)   Desenvolver as capacidades dramáticas e a criatividade da criança através de programas planeados.

(b) **Crianças socioeconomicamente desfavorecidas e crianças provenientes de famílias com condições desfavoráveis:**
  (i)   O professor deve esforçar-se por estabelecer uma relação de amizade com a criança.
  (ii)   A escola deve procurar e/ou fornecer apoio material à criança quando e se necessário.
  (iii) O professor deve tentar eliminar as condições que o tornam socialmente inaceitável para as outras crianças, por exemplo, roupas sujas, asseio pessoal. O professor deve esforçar-se sempre por elogiar as suas boas qualidades e fazer um esforço especial para o envolver o mais possível nas actividades da turma, para que ele goste de vir à escola.

(c) **Crianças com defeitos físicos:** O professor deve planear actividades especiais para estas crianças, a fim de as ocupar e de lhes dar um sentido de realização. A tónica deve ser colocada nas competências manipulativas e linguísticas, como fazer coisas, desenhar, pintar e fazer coisas a partir de objectos improvisados. O professor deve certificar-se de que as outras crianças são ensinadas a aceitar os deficientes e a tratá-los normalmente.

(d) **Crianças com deficiências mentais:** Estas crianças devem ser encaminhadas para especialistas adequados que as aconselharão sobre os passos a seguir.

(e) **Crianças com problemas emocionais:** Os professores devem tentar descobrir os problemas das crianças e encorajá-las a envolverem-se em jogos imaginativos, imagens e brinquedos, especialmente os construtivos. O professor deve procurar desenvolver o sentimento de segurança e confiança das crianças, por exemplo, utilizando histórias que destacam personagens que são diferentes para permitir que a criança veja que ser diferente não é mau.

As directrizes do NERDC (2008) sublinham que o meio de instrução deve ser principalmente a língua materna ou a língua do ambiente imediato. A formação e a reciclagem dos professores também devem ser iniciadas para os reorientar no sentido de reconhecerem e trabalharem com confiança com crianças que são diferentes. A educação dos pais também deve ser prosseguida, enquanto se deve procurar a ajuda de psicólogos clínicos treinados para obter sucesso nos programas de formação.

As directrizes estipulavam ainda o seguinte grupo etário e o infantário adequado

Grau para crianças:

Grupo etário	Grau
3-4 anos	Berçário I
4-5 anos	Berçário II
5-6 anos	Berçário III

Factores subjacentes às orientações

Ao planear as orientações descritas no documento, o NERDC teve em consideração os seguintes factores

1. As características das crianças no ambiente nigeriano, tendo em conta a diversidade cultural do país.
2. A dicotomia rural/urbana observável e as suas implicações para os programas relevantes e significativos no contexto nigeriano.
3. Utilização da língua materna ou da língua da comunidade como meio de ensino. No entanto, numa escola multinacional, o inglês pode ser utilizado como meio de ensino, mas a língua da comunidade imediata deve ser ensinada na forma oral.
4. Colocar a tónica na utilização de recursos tradicionais, tais como jogos tradicionais das crianças, contos populares, folclore, brinquedos, canções, etc., para uma educação infantil eficaz e relevante numa sociedade em transição como a Nigéria.
5. A necessidade de uma análise pormenorizada dos recursos didácticos que favorecerão a aprendizagem das crianças.
6. A conveniência de integrar o ensino pré-escolar numa estrutura de ensino primário revitalizada.
7. Educação dos pais e do público sobre as necessidades e o objetivo do ensino pré-primário.

Hanga (2016) postulou que, embora o currículo do ECCDE da Nigéria seja concebido de forma abrangente, os professores têm dificuldade em implementá-lo com base na investigação que efectuou. Por conseguinte, sugeriu que o programa curricular fosse simplificado, dividindo os conteúdos em unidades temáticas e que cada uma delas fosse dotada de um método de ensino adequado para orientar eficazmente os professores na preparação das suas aulas e apresentações. Do mesmo modo, o currículo deve identificar e indicar os materiais e os apoios didácticos locais que podem ser improvisados pelos professores ou utilizados para complementar os materiais modernos.

Conteúdo curricular do ECCDE

O currículo do nível pré-primário, de acordo com o Ministério da Educação de Trindade e Tobago (2006), é amplo e a gama de disciplinas oferecidas é bastante vasta. Na Nigéria, o currículo centra-se na língua inglesa, matemática (aritmética), línguas nigerianas, escrita, leitura, rimas, estudos sociais, música, canto e ciências elementares/estudo da natureza. Neste nível, são dedicados ao ensino do inglês períodos de seis a 30 minutos por semana, sendo este o número máximo de períodos semanais para qualquer disciplina. Uma outra disciplina que é dada importância no programa da escola pré-primária é a matemática/aritmética, para a qual são atribuídos cinco períodos semanais. Em média, as crianças passam um período de 30 minutos por dia a aprender matemática. Temas como a contagem, o reconhecimento dos números, a adição e a subtração também devem ser ensinados. Isto constitui um importante ponto de partida para a aquisição da numeracia.

Do mesmo modo, devem ser atribuídos três períodos a cada uma destas disciplinas: instrução moral e religiosa, escrita, leitura, desenho, rimas, ciências elementares/estudo da natureza, estudos sociais, trabalhos manuais e música/canto. Além disso, dois períodos devem ser dedicados à língua local. Em média, o tempo de instrução deve consistir em vinte e oito períodos de ensino por semana. O meio de ensino neste nível é principalmente a língua materna ou a língua da comunidade imediata. O sistema de avaliação a este nível baseia-se essencialmente na avaliação contínua. A avaliação contínua é concebida como um registo cumulativo do desempenho da criança em vários domínios ao longo da sua carreira escolar, obtido através de testes, questionários, etc.

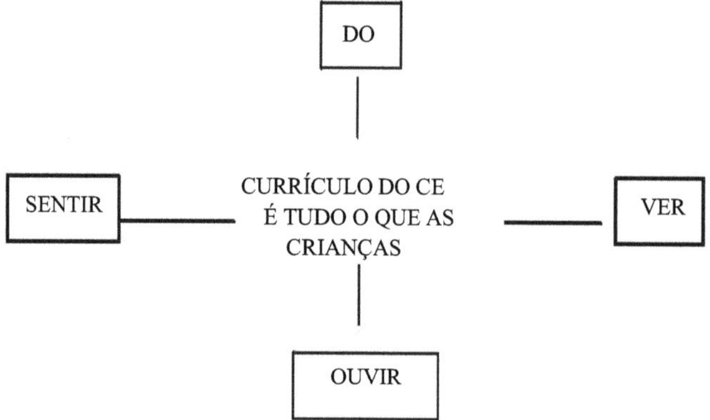

O currículo dos programas para a primeira infância dá às crianças a oportunidade de dominarem a informação e praticarem as competências de que necessitam para funcionarem efetivamente na sociedade. O currículo para a primeira infância dá ênfase a conteúdos relacionados com experiências do mundo real, valores, esperanças, sonhos e expectativas das famílias e das comunidades. As crianças pequenas contribuem ativamente para o currículo. Em suma, são os sujeitos de base para as matérias ensinadas nos contextos da primeira infância.

O currículo dos cuidados, desenvolvimento e educação na primeira infância (ECCDE), quer seja formal ou informal, deve incluir tudo o que as crianças fazem fisicamente (actividades), vêem claramente (visual), ouvem sons (áudio) e sentem sensações (exploram). Gordon e

Browne (2004) captam este facto na ilustração que se segue:

Conteúdo curricular do ECCE:

O Ministério da Educação de Trindade e Tobago (2006) afirmou que este facto influenciou o conteúdo do guia curricular, uma vez que as crianças estão no centro da educação pré-escolar e todas as decisões sobre a pedagogia são regidas pelas necessidades das crianças, das suas famílias e das comunidades. O período da primeira infância é um período de rápido crescimento e desenvolvimento e, durante este período, estão a ser lançadas as bases para a aprendizagem futura e estão a ser formuladas as disposições necessárias para a prossecução da aprendizagem ao longo da vida.

Por conseguinte, é fundamental que as experiências de aprendizagem a que as crianças estão expostas durante este período sejam adequadas ao desenvolvimento, culturalmente relevantes e significativas no contexto da forma como as crianças pequenas aprendem. Em suma, o conteúdo do programa ECCDE deve incluir tudo o que as crianças podem FAZER, VER, OUVIR, SENTIR, PENSAR e MANIPULAR, uma vez que todos eles pertencem aos três domínios da aprendizagem cognitiva, efectiva e psicomotora. Por conseguinte, as crianças devem dispor de materiais adequados e variados que estimulem o seu interesse em trabalhar e brincar com eles para a convergência dos três domínios.

Orientações curriculares para as escolas pré-primárias nigerianas

Na conferência sobre o Desenvolvimento da Educação na Primeira Infância, realizada no Gana e organizada pela UNICEF em 2010, foi afirmado que todas as experiências de aprendizagem da criança, consciente ou inconscientemente, são designadas por currículo. É importante sublinhar que o contexto do currículo é constituído por pessoas, por disposições e dá às crianças acesso a programas de qualidade. Assim, o conteúdo do currículo nigeriano do ECCDE, concebido pelo NERDC (2008), incluía matemática, linguagem e comunicação; pensamento científico e reflexivo; educação física e sanitária; normas sociais e artes criativas. Com base nestas características, as crianças devem ter oportunidades para brincar, imaginar, explorar, formular hipóteses, investigar, manipular, interagir e resolver problemas. Devem também ser-lhes proporcionadas oportunidades que as levem a pensar criticamente, a construir e a reconstruir novas compreensões do seu mundo num ambiente de apoio e de carinho. Para além disso, o currículo do ECCDE deve ser adequadamente concebido de forma a preparar as crianças para a educação futura, especialmente no nível primário, que é a base de todos os outros níveis de educação.

De acordo com o Universal Basic Education (UBEC) (2013), são os seguintes os materiais didácticos necessários para Inglês e Matemática ao nível do ECCDE:

   a. Tampas de garrafas
   b. Conchas do mar
   c. Balanças de equilíbrio
   d. Blocos de atributos
   e. Contas coloridas
   f. Blocos tridimensionais (cubos, cilindros, cones)
   g. Quadro geográfico
   h. Frutas, como laranjas
   i. Unfixar cubos (representando centenas e dezenas)
   j. Cores
   k. Varas de cozinha
   l. Objectos de medição (régua, fita métrica, metro, fio ou fita, blocos)
   m. Livros ilustrados, livros de histórias,
   n. Materiais para desenhar, cartão com palavras, envelopes,

o. Cartazes que retratam seres vivos, dicionário de imagens,
p. Materiais áudio, e
q. Livros feitos pelas próprias crianças.

A UBEC salientou ainda que os materiais didácticos necessários para o desenvolvimento físico incluem:

a. puxar a corda para cima,
b. escorrega, carrossel,
c. baloiços, cordas de saltar, etc.

Para o desenvolvimento cognitivo, os materiais necessários são:

a. balcões,
b. blocos de construção,
c. argila, etc., enquanto balança,
d. slides,
e. são necessárias cordas de elevação, etc.

Para promover o desenvolvimento emocional ao nível do ECCDE, a UBEC identificou os seguintes materiais como necessários:

a. bolas de diferentes tamanhos,
b. triciclos,
c. cavalos de baloiço, entre outros.

Capítulo 5

Factores que promovem um ensino eficaz

De acordo com o NERDC (2008), deve ser contratado um professor com formação em educação pré-escolar para lecionar no jardim de infância e esse professor deve ser regularmente exposto a novas ideias sobre o estudo da criança, a psicologia infantil e o método de ensino das crianças, etc., através de formação inicial, formação em serviço, cursos de verão e de reciclagem. Isto porque a vida das crianças é tão preciosa que não pode ser confiada a pessoal sem formação, ignorante e sem conhecimentos. Por conseguinte, pode ser solicitada a assistência de universidades, institutos de formação de professores, escolas superiores de educação, etc., para a criação de programas de formação para o pessoal dos jardins-de-infância.

Obinna (2007), opinou que um ensino eficaz e competente orienta o processo de aprendizagem, indicando que os factores básicos que promovem um ensino eficaz e a implementação do currículo incluem as competências dos professores em matéria de planeamento e apresentação; disciplina e gestão da sala de aula; participação dos professores em actividades extra curriculares; cooperação com as autoridades escolares; preocupação com os alunos; iniciativa, dedicação e desenvoltura. Estes factores podem ainda ser resumidos em três grandes áreas, nomeadamente

    1. Motivação e satisfação no trabalho;
    2. Formação e qualificação dos professores; e
    3. Participação dos professores na tomada de decisões.

Motivação e satisfação no trabalho:

A motivação e a satisfação no trabalho são geralmente reconhecidas como importantes para todos os trabalhadores, uma vez que influenciam significativamente o desempenho profissional dos trabalhadores, incluindo os professores. O professor, neste contexto, como afirmou Hanga (2007), é uma pessoa que transmite conhecimentos aos seus alunos ou estudantes a qualquer nível, seja formal ou informal. Na escola formal, é aquele que implementa o currículo planeado e organizado através de métodos e técnicas. Para ser professor, tem de se submeter a um programa de formação a fim de possuir os conhecimentos e as competências necessários que o qualifiquem para ser professor.

O professor é a "pedra angular" na implementação do currículo, porque decide quem, o que ensinar, onde e a que horas, mesmo quando algum tipo de esquema de ensino foi preparado antecipadamente para ele. Ele interpreta o programa de estudos e divide-o em esquemas de ensino e planos de aula. Decide quais os materiais didácticos a utilizar, a metodologia a adotar, o tempo a despender em cada aspeto e o equipamento ou o tempo a utilizar.

É na perceção disto que Aggrawal (2006) afirma que "estamos convencidos de que o fator mais importante na reconstrução da educação é o professor". Na mesma linha, Jega (2007), disse que os nigerianos sempre quiseram uma educação de boa qualidade, baseada na qualidade e acessível a todos. Esta aprendizagem da nação pode ser alcançada pela ECCDE através de uma motivação adequada e da retenção dos seus professores (mantendo-se todas as outras coisas iguais).

Além disso, Cambridge (2015), opinou que apoiar os professores no seu desenvolvimento profissional conduz à melhoria dos resultados dos alunos. A formação de boa qualidade e o desenvolvimento profissional reflexivo são partes essenciais das rotinas dos professores, de acordo com a sua experiência e necessidades, que vão desde a formação específica da disciplina até à qualificação do desenvolvimento profissional. Para além disso, o desenvolvimento profissional e a formação ajudam os professores a tornarem-se confiantes e a satisfação dos professores é uma função do grau de necessidades derivadas ou experimentadas na profissão, embora possa não ser fácil medir ou quantificar a satisfação profissional no ensino.

De acordo com Obinna (2007), a motivação e a satisfação no trabalho docente são tanto uma causa como uma fonte de prazer, realização e gratificação ou qualquer combinação de circunstâncias psicológicas, fisiológicas e ambientais que podem aumentar a estabilidade emocional e a moral do professor. Quando isto está completo no professor, ele começa a avaliar   e a avaliar conscientemente   até que ponto atingiu   as metas e os objectivos do currículo. Isto fá-lo-á aspirar a fazer mais e a maximizar a produtividade.

É de notar que o moral dos professores pode ser afetado tanto por factores internos como externos. Os factores internos incluem:

    i.   bom salário e pagamento atempado,
    ii.   promoções e outras questões sociais (condição de serviço), carga de trabalho,
    iii.   ambiente de trabalho favorável,
    iv.   segurança/segurança, capacidade de reação dos estudantes e
    v.   o estilo de liderança do diretor da escola
           Gestão.

Os factores externos são coisas que ocorrem fora da escola e incluem:

    i.   o ambiente socioeconómico
    ii.   crescimento político e tecnológico

Formação e qualificação dos professores:

A República Federal da Nigéria, na NPE (2013), estipulou que todos os professores, em todos os níveis do sistema educativo, têm de ser formados profissionalmente para os equipar para o desempenho efetivo das suas funções. Acredita-se que a formação da maioria dos professores na Nigéria é inadequada e é por isso que Obanya (2002) afirmou que a maioria dos professores nas escolas da Nigéria está mal preparada para ensinar devido à falta de conhecimento adequado da matéria e das metodologias peculiares ao ensino da matéria. No entanto, se se espera que o sistema educativo não se eleve acima da qualidade dos seus professores, a formação de professores deve ter como objetivo proporcionar aos professores uma formação intelectual e profissional adequada à sua missão e torná-los adaptáveis a qualquer situação de mudança, tanto no seu ambiente imediato como no mais vasto.

Participação dos professores na tomada de decisões:

A participação dos professores na tomada de decisões em matéria de educação é muito importante para a realização dos objectivos pretendidos. A participação dos professores no processo de tomada de decisões é necessária para a concretização da política governamental em matéria de educação, seja a que nível for, e para evitar a ocorrência de problemas e oportunidades antes de se iniciar um processo de tomada de decisões.

Depois de o currículo ser planeado, concebido e desenvolvido, a fase seguinte, que é a mais importante, é o seu processo de implementação, que está associado ao envolvimento do professor. No entanto, é um facto bem conhecido que o sucesso ou o fracasso da implementação do currículo depende do professor que traduz o currículo para o aluno com a ajuda de métodos e materiais adequados. Por conseguinte, o professor é o coração do currículo, enquanto a implantação é o maior de todos os processos curriculares.

Fafunwa (1974) citado em Hanga (2016) afirmou que nenhuma política governamental em matéria de educação pode ser realizada se não se aperceber, na fase inicial, dos problemas e oportunidades antes de iniciar um processo de tomada de decisão. Uma vez que o professor está na melhor posição e é a pessoa mais qualificada a ser consultada, Anwuka (2001), postulou que isto constitui um desafio para o trabalhador do currículo, mas se o currículo crescer a partir da experiência dos professores, então o fenómeno da personalidade na sua implementação será minimizado.

Qualidade e qualificação dos professores:

Nunca é demais realçar a importância e o significado da qualidade e da qualificação dos professores na implementação do currículo. Isto porque é o professor que determina a força de qualquer programa educativo e o valor dos alunos. Vale a pena afirmar que um grande professor cria grandes alunos, pelo que um professor competente no contexto da escola é o fator mais importante para influenciar o desempenho dos alunos. Por conseguinte, é muito importante dar prioridade e atenção especial à forma de formar, encorajar e apoiar tanto os professores novos como os experientes.

Os professores devem receber formação e reciclagem periodicamente para actualizarem os seus conhecimentos e a sua profissão através dos seguintes meios

1. Em serviço,
2. Conferências,
3. Seminários e
4. Workshops

Todos os tipos de serviços de formação acima mencionados, que, se os professores tiverem a oportunidade de frequentar, actualizam os seus conhecimentos profissionais, melhorando assim o ensino e a aprendizagem, bem como a profissão docente.

1. **Em serviço:** é o prosseguimento ou a continuação dos estudos enquanto se está empregado e a receber o seu salário, a fim de atualizar os seus conhecimentos e competências e de o incentivar a desenvolver o interesse pela profissão que escolheu.

2. **Conferências:** são organizadas anualmente ou de dois em dois anos por associações profissionais. Durante estes encontros, as questões que dizem respeito à profissão são discutidas através da apresentação de comunicações por peritos, que são distribuídas a todos os participantes, incluindo o público. As conferências constituem uma oportunidade para os membros actualizarem e melhorarem os seus conhecimentos profissionais, bem como para estarem a par das tendências recentes e actuais da sua profissão.

3. **Seminários:** são organizados para um determinado grupo de profissionais, com o objetivo de os equipar ou informar sobre determinadas questões ou desenvolvimentos relevantes para as suas funções/atribuições diárias. Um seminário é como uma forma de instrução académica que pode ter lugar numa instituição académica ou ser conduzido por um organismo comercial ou profissional. Tem a função de reunir pequenos grupos para encontros recorrentes, centrados de cada vez num determinado assunto, em que todos os presentes são convidados a participar ativamente. Os seminários são organizados com base na qualidade da prestação pedagógica e, normalmente, criam espaço para os profissionais interagirem e reflectirem em conjunto sobre questões e desafios da sua profissão, com vista a encontrar soluções.

4. **Workshops:** são sessões planeadas para debates e trabalhos práticos, na sua maioria sobre um determinado assunto, durante as quais especialistas numa determinada matéria se reúnem e partilham os seus conhecimentos e experiências sobre um determinado assunto, tema ou questão(ões), a fim de se aperfeiçoarem e actualizarem.

Por conseguinte, os programas de formação contínua para professores da ECCDE têm por objetivo desenvolver os professores na sua área de especialização com base nos seus conhecimentos, competências, métodos e estratégias, com especial referência, entre outros, aos seguintes aspectos

1. Métodos adequados de ensino nas aulas de ECCDE
2. Preparação de notas de aula

3. Improvisação
4. Seleção de materiais adequados
5. Organização e arrumação das salas de aula
6. Prestação de primeiros socorros aos alunos feridos
7. Formação dos prestadores de cuidados.

Talvez valha a pena sublinhar que, se os professores do ECCDE beneficiarem de uma satisfação no trabalho que vai desde a formação em serviço, serão mais qualitativos e profissionalmente empenhados no desempenho das suas responsabilidades. Além disso, estarão em melhor posição para contribuir imensamente para a realização dos objectivos gerais do programa ECCDE.

Desafios na formação de professores

A reestruturação dos currículos e a produção de conhecimentos nas instituições de formação de professores devem responder aos interesses/necessidades sociais, com o objetivo central de se tornarem potências que produzam professores conhecedores, competentes, qualificados e socialmente empenhados, bem como de divulgarem conhecimentos.

Badat (2004) afirmou que a capacidade das instituições de formação de professores para se tornarem potências intelectuais e de conhecimento depende principalmente da elevada qualidade dos seus programas de ensino/aprendizagem e de investigação. Qualidade em termos de as instituições cumprirem normas mínimas de ensino e aprendizagem, fornecerem critérios mínimos no que respeita aos programas e qualificações oferecidos e um esforço constante para melhorar e reforçar a qualidade para além dos requisitos mínimos. A educação de qualidade começa com o professor, que é aclamado como o fator determinante da educação de qualidade. Para o fazer, tem de ser bem formado e qualificado profissionalmente. Assim, todas as instituições de formação de professores devem centrar-se em programas de qualidade.

Capítulo 6

Ambiente de aprendizagem ECCDE

O ambiente de aprendizagem é uma combinação de qualidades sociais e físicas que cria a experiência de sala de aula onde o ensino e a aprendizagem têm lugar. Inclui a gestão da sala de aula, a disposição dos lugares e os diferentes cantos de aprendizagem, bem como a forma como o espaço é organizado, mobilado e mantido.

De acordo com o glossário Ed (2013), o ambiente de aprendizagem refere-se à localização física, ao contexto e à cultura diversificados em que os alunos aprendem. Uma vez que os alunos aprendem numa variedade de contextos, tais como locais fora da escola e ambientes exteriores, o termo é frequentemente utilizado como uma alternativa mais precisa ou preferida à sala de aula, que tem conotações mais limitadas e tradicionais - por exemplo, uma sala com filas de secretárias e um quadro de giz.

Características de um centro eficaz

As principais características de um centro ECCDE eficaz são

    a. Localização/ambiente,
    b. Aceitável para a comunidade e a uma curta distância a pé,
    c. Seguro,
    d. Seguro,
    e. Cercado,
    f. Sem ruído excessivo,
    g. Ter um parque infantil,
    h. Sala(s) de aula bem ventilada(s) com espaço suficiente para 2025 crianças,
    i. Uma disposição flexível do assento que permita a interação com as crianças,
    j. Casas de banho em número suficiente e adequadas à idade dos alunos e acesso a água potável,
    k. Mobiliário: cadeira de criança (uma por criança e uma mesa redonda para quatro crianças),
    l. Assistente de berçário,
    m. Mesa/cadeira do prestador de cuidados, e
    n. Relógio de parede.

Para além do acima mencionado, o NERDC (2007), articulou o seguinte como características de um Centro ECCDE:

i. Localização:
1. Ser um local aceitável para a comunidade - uma casa, edifícios comunitários como centros cívicos, igrejas, mesquitas.
2. Uma distância máxima de dois (2) quilómetros a pé.
3. Sejam escolas existentes ou uma estrutura construída para o efeito, etc.

ii. Ambiente seguro:
1. Livre de riscos químicos e outros.
2. Sem ruído excessivo.

iii. Parque infantil:
1. Ter espaço para as crianças brincarem (suficiente para acolher 20-25 crianças e dois adultos de cada vez).
2. Seguro e protegido.
3. Pode ter uma superfície de relva ou de areia, mas não é arbustiva nem suja e não está encharcada.
4. Livre de objectos perigosos.

iv.   **Vedações:**
1. As instalações devem ser vedadas de modo a evitar interferências externas, como animais em fúria, e a impedir que as crianças se afastem do exterior.
2. A vedação pode ser feita com betão, lama, bambu, ráfia, caule de milho, madeira, sebes de flores, plantas.

Ambiente seguro e ambiente físico:

O ambiente de um centro ECCDE deve proporcionar à criança
1. Um sentimento de bem-estar e de pertença,
2. Segurança e ausência de medo.
3. Manutenção regular do equipamento e limpeza da estrutura física.

Além disso, Hanga (2016) afirmou que o ambiente de um Centro ECCDE deve
1. Ter saneamento básico.
2. Incluir disposições relativas a alimentos nutritivos e seguros e água potável.
3. Providenciar uma ventilação adequada.
4. Promover boas práticas de saúde.
5. Estar equipado com uma grande variedade de materiais para uso das crianças.
6. Dispor de materiais, tanto dentro como fora da sala de aula, que se enquadrem nas experiências quotidianas das crianças e que promovam a linguagem e o pensamento, bem como que não sejam prejudiciais para as crianças.

Um ambiente de aprendizagem equipado para crianças dos 2 aos 8 anos ajuda a promover os três domínios de aprendizagem: cognitivo, efetivo e psicomotor. Também ajuda as crianças a escolher e a concentrar-se em determinado(s) objeto(s) para determinadas actividades, dando-lhes a liberdade de as realizarem e manipularem sozinhas. O ambiente de um centro ECCDE deve, portanto, proporcionar às crianças diferentes tipos de brinquedos para brincarem e utilizarem sozinhas. Isto incentiva-as a desenvolver a confiança no pensamento crítico, a capacidade de resolver problemas, as competências matemáticas, as competências linguísticas, as competências sociais e os sentimentos emocionais e a cooperação no trabalho de equipa, à medida que interagem entre si.

Os professores devem assegurar que o espaço, quer dentro quer fora da sala de aula, seja preparado, organizado, bem arranjado, de forma segura e protegida, de modo a motivar e estimular as crianças. Isto encorajaria as crianças a compreenderem-se e a amarem-se umas às outras; a desenvolverem um sentido de responsabilidade; a atraírem mais atenção para as aulas; e a gostarem de frequentar a escola sem se aborrecerem. Neste contexto, devem ser disponibilizados os seguintes elementos:
1. Blocos Lego
2. Materiais manipuláveis
3. Materiais para artes criativas
4. Materiais de língua e literacia
5. Materiais para jogos dramáticos
6. Areia e água
7. Pneus usados e seguros
8. Baloiços de diferentes tipos
9. Brinquedos de diferentes tipos, etc.

Ambiente estimulante para o desenvolvimento:

O ambiente de um centro ECCDE deve ser estimulante do ponto de vista do desenvolvimento, de modo a despertar o interesse dos alunos para continuarem a frequentar a escola. Deve também ter muitas oportunidades para interacções frequentes e positivas por parte das crianças, que lhes permitam brincar, explorar e descobrir. Além disso, para além de proporcionar oportunidades para as crianças se envolverem em jogos e movimentos activos, o ambiente deve

1. Ser esteticamente agradável e atrativo para as crianças.
2. Ter dimensões e perspectivas visuais.
3. Ter uma variedade de cores (que atraiam facilmente os olhos das crianças), texturas e superfícies.

A sala de aula:

Uma sala de aula, onde se realizam algumas actividades de ensino e aprendizagem, tem determinadas especificações. Segundo o NERDC (2007), uma sala de aula deve ter as seguintes características

a. **Tamanho:** ter espaço suficiente e 16 metros quadrados para acomodar 20-25 crianças; ser bem ventilado, com pelo menos duas portas; e concebido de modo a permitir a livre circulação. Do mesmo modo, a disposição dos lugares sentados não deve ser rígida como na escola formal, mas flexível e permitir a planificação e a interação com outras crianças.

b. **O chão da sala de aula** - liso, mas não escorregadio e tem de ser rebocado com cimento ou com material local, excluindo o estrume de vaca e outros materiais nocivos.

c. **Telhado:** devem ser utilizadas chapas de ferro onduladas, colmo ou ráfia, etc., que não apresentem infiltrações.

d. **Teto:** devem ser utilizadas placas de teto modernas, ráfia, bambu, madeira, esteiras, caixas de cartão grossas, etc., mas excluindo as placas de teto de amianto.

e. **Paredes:** devem ser utilizados blocos de cimento, tijolos, lama, ráfia, bambu, etc.

f. **Iluminação:** bem iluminada para que as crianças possam ver claramente em todas as partes da sala.

g. **Portas:** de madeira ou de ferro que possam ser trancadas.

h. **Cantos:** para ciência, saúde e nutrição, teatro, compras, dormir.

i. **Mobiliário:** cadeira de criança (uma por criança) e uma mesa redonda por criança quatro (4) filhos.

j. **Camas:** camas feitas localmente, colchões cobertos com Macintosh e lençóis.

k. **Quadro de giz:** móvel ou fixo.

l. Devem ser afixados na parede quadros/pôsteres/fotos da IECD neutros em termos de género e trabalhos das crianças.

m. **Armários e prateleiras:** para artigos de criança (suficiente para 25 artigos de criança, por exemplo, garrafas de água, comida, sacos, etc.).

n. Mesa ou prateleira do prestador de cuidados.

o. Relógio de parede.

Disposição das salas de aula:

A sala de aula deve ser organizada de forma a

1. São criadas zonas de tráfego para facilitar a circulação.
2. É organizado para ver todos os locais para garantir a segurança das crianças.
3. É previsto um espaço para o movimento individual.
4. Estão previstos lugares para trabalhos de grupo,
5. Cada criança dispõe de um espaço para guardar os seus objectos pessoais.
6. Cada lugar é etiquetado com o nome da criança na sua língua materna e, se possível, com fotografias.
7. As imagens da sala de aula são apresentadas ao nível dos olhos das crianças.
8. Os horários e planos curriculares estão expostos para serem vistos pelos pais e outros

visitantes.

Organização de materiais na sala de aula:

1. Devem ser utilizados contentores para guardar materiais pequenos, como blocos de lego, brinquedos, balcões, etc.
2. Os locais de armazenamento dos artigos que não são retirados da sala devem ser etiquetados.
3. Os trabalhos das crianças devem ser expostos de forma bem visível, ao nível dos olhos, e a exposição deve ser mudada regularmente.

Com base no conteúdo do presente capítulo, pode afirmar-se que o ambiente desempenha um papel significativo na implementação do currículo. Na ausência total ou parcial de um ambiente, o ensino e a aprendizagem não serão plenamente concretizados ou nem sequer o serão. Por exemplo, se não houver uma oficina, o ensino de disciplinas técnicas será quase impossível. Do mesmo modo, se não houver um campo desportivo, o ensino da educação física, como os jogos e desportos como a luta livre e o futebol, será impossível, porque todos eles necessitam de treino físico (prático). Além disso, o ambiente físico e a localização da escola, a saúde, a proteção das crianças, a nutrição adequada e o interesse dos pais e da comunidade pela educação contribuem para uma implementação eficaz do currículo.

Capítulo 7

Recursos para uma implementação eficaz do currículo

Para implementar eficazmente um currículo, são necessários vários tipos de recursos, que incluem infra-estruturas, materiais didácticos, recursos humanos e fundos.

Infra-estruturas

O NERDC (2008) indicou que o conceito moderno de educação pré-escolar é o de que todo o ambiente escolar, seja ele material humano ou não humano, incluindo edifícios, campos de jogos, professores e outros trabalhadores, faz parte do ambiente de aprendizagem da criança. Para a criança do jardim de infância, a escola é uma casa longe de casa. A arquitetura escolar tornou-se, portanto, um aspeto importante do ensino pré-primário. Assim, deve ser dada especial atenção à conceção da escola, de modo a que as crianças disponham de um espaço amplo e seguro:

   i.   Jogar

  ii.   Trabalho

 iii.   Descanso.

Para Hanga (2016), as infra-estruturas de uma escola incluem

   i.   Salas de aula

  ii.   Laboratórios

 iii.   Casas de banho

  iv.   Campo de jogos

   v.   Biblioteca

  vi.   Fonte de alimentação (se possível)

 vii.   Fonte de água potável

viii.   Horta escolar

Para permitir a realização de outras actividades de aprendizagem, as salas de aula devem ser organizadas de modo a permitir:

   i.   Canto da ciência

  ii.   Canto de leitura

 iii.   Canto de casa

  iv.   Canto de arte

Como parte das infra-estruturas, o NERDC (2008) estipulou que cada infantário deve esforçar-se por ter uma biblioteca e um centro de materiais didácticos, bem como prestar cuidados de saúde aos seus alunos e.

Biblioteca Escolar:

1. Desenvolver uma biblioteca bem equipada com livros, revistas e material didático para responder às necessidades das crianças.
2. Fazer com que a biblioteca sirva como um importante centro de recursos/referências para os professores.

Por conseguinte, deve procurar-se o apoio dos pais na recolha de livros e materiais adequados para a biblioteca. Para servir de centro de recursos, uma secção da biblioteca pode ser designada como tal, com um programa de recolha regular, de modo a que possa ficar bem abastecida dentro de alguns anos. Os professores considerarão o centro de recursos útil sempre que necessitarem de alguns materiais (a curto prazo) para ensinar tópicos específicos. O centro deve dispor de instalações especiais de armazenamento e de espaço de exposição e os materiais devem ser claramente etiquetados para facilitar a sua identificação.

Centro de Materiais Didácticos:

Este centro é também designado por centro de recursos. Cada jardim de infância deveria ter um centro de recursos didácticos para fins de armazenamento, que pode situar-se numa secção da biblioteca. Com um programa de recolha regular, o centro de recursos pode ficar bem abastecido em poucos anos. Os professores considerarão o centro de recursos útil sempre que necessitarem de alguns materiais (a curto prazo) para ensinar tópicos específicos. Devem ser disponibilizadas instalações especiais de armazenamento e espaço de exposição, enquanto os materiais devem ser claramente etiquetados para uma fácil identificação. Alguns dos materiais que são mantidos no centro incluem:

    i. Material didático
    ii. Materiais audiovisuais
    iii. Cartazes
    iv. Gráficos
    v. Artefactos

Cuidados de saúde:

Idealmente, um infantário deveria ter médicos e enfermeiros do governo que viessem periodicamente examinar os alunos como parte dos serviços de saúde da escola. Recomenda-se igualmente que os proprietários de jardins-de-infância com um grande número de crianças construam, dotem de pessoal e disponham de um centro de saúde próprio, com amplas disposições para tratar de casos gerais e de emergência. Os pais são geralmente conhecidos por cooperarem no que diz respeito aos cuidados de saúde dos seus filhos, pelo que cada infantário deve esforçar-se por dar prioridade à saúde dos seus alunos e manter os seus registos de saúde. Uma vez que pode ser difícil encontrar a situação ideal, as escolas deveriam ter:

    i. Uma caixa de primeiros socorros bem abastecida
    ii. Um enfermeiro formado

Materiais didácticos

Para implementar eficazmente e com sucesso qualquer currículo, é necessário dispor de materiais didácticos variados, adequados e relevantes. Por conseguinte, na implementação da educação pré-escolar, o NPE (2013), postulou que o Governo deve:

1. Definir e monitorizar as normas mínimas para os Centros.
2. Desenvolver e divulgar materiais curriculares, tais como a Política de Desenvolvimento Integrado da Primeira Infância, as Normas Mínimas Nacionais para a criação de Centros, o Currículo, as Directrizes de Implementação e outros materiais que irão melhorar a implementação do ECCDE.
3. Incentivar os esforços da comunidade e do sector privado na criação de uma secção do ECCDE com base nas normas estabelecidas.
4. Prever nos programas de formação de professores uma especialização em ECCDE e para a reciclagem dos professores.
5. Assegurar que o currículo da formação de professores seja orientado para os jogos método.
6. Assegurar que os centros ECCDE adoptem um rácio cuidador-bebé de 1:10 numa creche e de 1:25 num berçário.
7. Desenvolver um currículo ECCDE adequado para aplicação a nível nacional.
8. Supervisionar e controlar a qualidade das instituições ECCDE.
9. Prever a produção e a utilização efectiva de conhecimentos e materiais didácticos em número suficiente.
10. Assegurar que o meio de ensino seja principalmente a língua materna ou a língua da comunidade imediata e, para o efeito, desenvolver a ortografia de mais línguas nigerianas.

11. Produzir manuais escolares, leitores suplementares e outros materiais didácticos nas línguas nigerianas.

Materiais de ensino/aprendizagem:

Os materiais de ensino/aprendizagem são os materiais utilizados tanto pelo professor como pelos alunos, que são também muito importantes e necessários para a implementação efectiva do currículo a todos os níveis dos programas educativos, porque facilitam e simplificam o ensino e tornam a aprendizagem permanente para os alunos, através da visão, do toque, do cheiro e/ou da degustação, conforme o caso. Os materiais incluem:

1. Um rádio por sala de aula
2. Gráficos e variedade de cores de cartazes
3. Cartões flash, o maior número possível
4. Blocos de construção Lego (uma dúzia por cada 5 crianças)
5. 5 Balcões/Abacus por sala de aula
6. Lápis, lápis de cor, tintas, pincéis e caderno de desenho (um por criança)
7. Um conjunto de instrumentos musicais como flauta, tambor, apito e outros instrumentos musicais locais por sala de aula
8. Quadros, cartazes, imagens e trabalhos infantis de IEC neutros em termos de género colocados na parede

Hanga (2016) também identificou dois tipos de materiais didácticos necessários para as actividades num centro ECCDE:

1. **Materiais para interior/sala de aula:**
    i. Manual de fabrico de brinquedos
    ii. Quadro negro/giz
    iii. Ardósia/cartão
    iv. Rádio e Televisão
    v. Gráficos e cartazes coloridos
    vi. Cartões flash
    vii. Blocos de construção Lego
    viii. Ábaco/Contadores
    ix. Lápis
    x. Lápis de cor Barro/gesso cine
    xi. Aguarelas
    xii. Tintas, pincéis e caderno de desenho (um conjunto por criança)
    xiii. Material de leitura e de escrita dos alunos (um por criança)
    xiv. Guia do professor (um conjunto)
    xv. Quadro de horários (um por turma)
    xvi. Caderno de notas do professor (nota de aula)
    xvii. Ábaco (5 por turma)
    xviii. Pincéis e caderno de desenho (um por criança)
    xix. Instrumentos musicais como flautas, tambores, apitos e outros instrumentos locais
    instrumentos (um conjunto por turma)
    xx. Tapetes e colchões

A UBEC (2013) sublinhou ainda que, ao nível do ECCDE, os professores e os prestadores de cuidados devem utilizar materiais locais e naturais como recursos para o ensino e a aprendizagem. Do mesmo modo, devem ser disponibilizados materiais e equipamentos curriculares adequados às necessidades especiais das crianças e que mantenham a integridade da sua própria cultura, como a arte, a música, a dança e o teatro, acrescentando que os

materiais necessários para brincar dentro de casa incluem:
   i.   Blocos de construção
  ii.   Tampas de garrafas
 iii.   Contas
  iv.   Palhinhas
   v.   Latas vazias
  vi.   Pacotes
 vii.   Garrafas de plástico
viii.   Cartões/jornais velhos
  ix.   Tintas e pincéis
   x.   Lápis de cor

Os itens v - x mencionados acima são necessários para a compra e venda na loja de canto criada numa sala de aula.

2.   Materiais para exterior

Trata-se de materiais necessários para actividades ao ar livre, como jogos que se realizam fora da sala de aula ou dentro do recinto escolar. Este tipo de atividade contribui para o desenvolvimento físico dos alunos e estimula as sensações e os movimentos corporais através do andar, correr, saltar, empurrar, puxar, atirar, apanhar, dançar, passear, etc. As brincadeiras ao ar livre são uma medida preventiva natural contra a acumulação excessiva e o armazenamento de gordura no corpo das crianças. Os materiais necessários para as brincadeiras ao ar livre incluem:
   i.   Baloiços
  ii.   Deslizamentos
 iii.   Carrossel
  iv.   Bar
   v.   Barco de água
  vi.   Caixa de areia
 vii.   Cavalo de baloiço
viii.   Saltar à corda
  ix.   Colchão
   x.   Tapete
  xi.   Argila
 xii.   Quadro trepante
xiii.   Blocos de madeira
 xiv.   Tabuleiros para areia
  xv.   Taças de água

Nos casos em que a atividade se desenrola debaixo do telheiro, materiais como triciclos, cavalos de baloiço e similares são muito úteis e relevantes. Por outro lado, os materiais macios para brincar ao ar livre necessários são:
   i.   Bonecas
  ii.   Ursos de peluche
 iii.   Tecidos para sentir

É importante salientar que a seleção de qualquer atividade lúdica deve basear-se na dimensão da sala de aula e nos recursos disponíveis. Os prestadores de cuidados devem também encorajar as crianças a escolher livremente a atividade lúdica em que se querem envolver e os materiais a utilizar. Além disso, o Ministério da Educação de Trindade e Tobago (2006) afirma que as crianças de três e quatro anos adquirem conhecimentos, competências, disposições e sentimentos à medida que constroem compreensões pessoais sobre os fenómenos com que se deparam enquanto estão ativamente envolvidas no seu ambiente, interagindo com pessoas, uma variedade de materiais e representações. Além disso, considera que as relações positivas com as pessoas e a relevância das actividades para a vida e os interesses das crianças promovem sentimentos positivos, enquanto muitas disposições são moldadas durante as experiências de jogo ativo com base no feedback positivo do professor e no seu incentivo para questionar, investigar e inovar à medida que aprendem.

Para além do que já foi referido, vale a pena indicar que os materiais de texto, como livros e revistas, são também muito importantes e podem ser textos duros ou moles obtidos nas bibliotecas ou na Internet. Estes materiais ajudam a ler as mentes dos outros sobre o que está a ser estudado ou ensinado. Ajudam também a partilhar ideias em todo o mundo e facilitam o ensino e a aprendizagem.

Recursos Humanos:

Na implementação de qualquer currículo, estão envolvidos vários participantes, pelo que Guga e Bawa (2012) afirmam que o currículo envolve muitos participantes que se agrupam em dois grupos: os participantes externos e os internos à escola. Na Nigéria, os participantes externos incluem os Institutos de Educação, as Comissões e Conselhos de Educação, os organismos controlados pelo Governo Federal no domínio da educação, como o National Teachers Institute (NTI), o Nigerian Educational Research and Development Council (NERDC), o Joint Admissions and Matriculation Board (JAMB), o West African Examination Council (WAEC), a National Universities Commission (NUC) e a National Commission for Colleges of Education (NCCE). Os organismos estão envolvidos em trabalhos de investigação, formação de pessoal, planeamento e produção de materiais, bem como na facilitação de qualquer mudança introduzida.

Participantes fora da escola

Os participantes fora do ambiente escolar em relação ao desenvolvimento dos cuidados e da educação na primeira infância na Nigéria incluem, entre outros, a Comissão Universal do Ensino Básico (UBEC), os Conselhos Estaduais do Ensino Básico Universal (SUBEBs) e as Autoridades Educativas Locais (LGEAs).

1. **Comissão do Ensino Básico Universal -** a Comissão do **Ensino** Básico Universal

   A Comissão de Educação Básica (UBEC) foi formalmente criada em 7 de outubro de 2004. A Lei UBE de 2004 prevê o ensino básico, que inclui o ECCDE, o ensino primário e o ensino secundário. O financiamento do ensino básico é da responsabilidade dos Estados e dos governos locais. No entanto, o Governo Federal decidiu intervir na provisão do ensino básico com 2% do seu Fundo de Receitas Consolidadas. Para que os Estados possam beneficiar plenamente do Fundo, foram estabelecidos critérios que têm de ser respeitados. Salientaram igualmente que a lei que institui a Comissão a mandatou para coordenar a execução do programa de ensino básico universal a nível estatal e local através do Conselho Estatal do Ensino Básico Universal (SUBEB) de cada Estado e das Autoridades Educativas Locais (LGEA). De acordo com a UBEC online, a visão da Comissão é ser um

   A missão do Instituto é ser uma agência reguladora e de intervenção educativa de nível mundial para a promoção de um ensino básico uniforme, qualitativo e funcional na Nigéria. Do mesmo modo, a sua missão é funcionar como uma agência de intervenção, coordenação e monitorização para melhorar progressivamente a capacidade dos Estados, das Agências Governamentais Locais e das comunidades na provisão de acesso livre a um ensino básico de elevada qualidade no país. Além disso, o âmbito da UBEC é conduzir programas e iniciativas para cuidados e educação na primeira infância, ensino primário de seis anos e três (3) anos de ensino secundário júnior. A UBEC online também destacou os seguintes objectivos do programa UBE:

1. Garantir o acesso sem restrições a nove (9) anos de ensino básico formal.
ii. A oferta de um ensino básico universal e gratuito para todas as crianças nigerianas em idade escolar.
iii. Reduzir drasticamente a incidência do abandono do sistema escolar formal, através de uma maior pertinência, qualidade e eficácia
iv. Garantir a aquisição de níveis adequados de literacia, numeracia, manipulação, comunicação e aptidões para a vida, bem como dos valores éticos, morais e cívicos necessários para criar uma base sólida para a aprendizagem ao longo da vida.

2. **Conselho Estadual de Educação Básica Universal -** O Conselho de Administração das Escolas Primárias (PSMB) a nível estadual foi criado em 1988 e, em 1994, tornou-se o Conselho Estadual de Educação Primária (SPEB). No entanto, com o lançamento do Programa Universal de Educação Básica (UBEP) em setembro de 1999, o SPEB transformou-se no Conselho Estadual de Educação Básica Universal (SUBEB), que tem as seguintes funções

i. Gestão de centros de acolhimento de crianças, escolas primárias, escolas nómadas e escolas secundárias;
ii. Recrutamento, nomeação, promoção e disciplina do pessoal docente e pessoal não docente de grau 07 e superior;
iii. Destacamento e afetação do pessoal, incluindo transferências interestatais;
iv. Desembolso dos fundos que lhe são atribuídos tanto pelo Governo Federal como pelo

Fontes estatais;
v. Inspecionar as escolas primárias e secundárias nómadas, incluindo escola privada e voluntária, tal como consta da Lei n.º 66 de 4th agosto de 2004.
vi. Reformas e reabsorção do pessoal docente e não docente no nível 07 e superior;
vii. Realização de um novo projeto de capital;
i ix. Responsável pela aprovação da formação e reciclagem do pessoal docente e não docente de grau 07 e superior;
ix. Avaliação e financiamento dos vencimentos e subsídios dos docentes e pessoal não docente com base no regime de prestação de serviços estabelecido pelos diferentes administradores do Estado;
x. Assegurar a apresentação de relatórios anuais pelos secretários de educação; Os directores das escolas sobre os professores nomeados para as suas funções;
xi. Preparação de testemunhos e certificados de serviço para o ensino e pessoal não docente, se necessário;
xii. Tratar de questões relativas a licenças, incluindo férias anuais; e
xiii. Assegurar o controlo anual das contas.

3. **Autoridades educativas da administração local - as** funções e responsabilidades das administrações locais são exercidas através das Autoridades educativas da administração local (LGEA). Os deveres são:
i. iniciar e realizar projectos específicos para a consecução dos objectivos do regime;
ii. contribuir para o fornecimento de infra-estruturas e outros requisitos para o regime;
iii. coordenar, supervisionar, acompanhar e avaliar a aplicação do regime na administração local;
iv. sensibilizar e mobilizar os grupos-alvo, os pais e outras partes interessadas para o seu

envolvimento e participação efectivos, bem como cumprir as suas obrigações financeiras;

v. prestar o apoio necessário para a aplicação efectiva do regime; e

vi. assegurar a probidade, a transparência e a responsabilidade por todos os fundos afectados ao regime.

Participantes no interior da escola

De acordo com a UBEC (2013), os participantes na organização escolar incluem os alunos ou aprendentes, o pessoal de apoio, como o diretor, os professores, o pessoal de segurança, a Associação de Pais e Professores (PTA) e o encarregado de educação, no caso das turmas ou escolas ECCDE.

1. **Estudantes/alunos:** Guga e Bawa (2012) afirmam que os alunos constituem o foco de qualquer implementação de currículo e são parceiros na implementação do currículo. À medida que o professor ensina, os alunos ou aprendentes dão-lhe um feedback sobre a eficácia dos seus métodos e abordagens de ensino. Com base nesse feedback, o professor decide se deve continuar, rever ou mudar completamente o seu método de ensino. Além disso, os alunos, enquanto participantes na implementação do currículo, ajudam a manter o ambiente limpo, participam em actividades co-curriculares como o desporto, formam grupos de turma relevantes e, por vezes, enquanto líderes estudantis, ajudam a manter a lei e a ordem.

   Yusuf (2012), também afirmou que o aluno está no centro de qualquer programa educativo. Acrescentou que o planeamento do currículo deve ter em devida conta o aluno. Toda a ideia de planeamento e desenvolvimento do currículo não fará sentido se os alunos, que estão diretamente envolvidos no processo de implementação do currículo, não forem tidos em conta. Uma população estudantil disciplinada e trabalhadora é também um recurso importante para uma implementação eficaz do currículo. Os alunos disciplinados são aqueles que assistem às aulas pontualmente e fazem os seus trabalhos atempadamente.

2. **Diretor da escola:** Para Bello (2003), o Diretor é um gestor escolar que desempenha numerosas funções que incluem a orientação, o controlo, o desenvolvimento, a assimilação, a colocação e a avaliação do pessoal escolar para a consecução dos objectivos da escola. Afirmou ainda que:

i. O diretor da escola deve ajudar os professores a melhorar através da organização de workshops e seminários na escola sobre as competências que lhes faltam, tais como plano de aulas, esquema de trabalho, marcação de registos de assiduidade, construção de testes, pontuação, etc.

ii. O diretor (gestor) pode apresentar à pessoa responsável pelo recurso, por exemplo, problemas de inadequação dos materiais com que a escola se depara em termos de ensino e aprendizagem.

   De acordo com Hanga (2016), um diretor de escola pode ser um diretor de escola, diretor de escola, diretor e ou directora de escola, ou seja, o professor mais graduado, líder e gestor de uma escola. Do mesmo modo, um diretor de escola é o elo de ligação entre a escola e a LGEA, pois é ele que faz entrar e sair os elementos seguintes:

i. Ele interpreta as políticas governamentais para os professores da sua escola a partir do SUBEB, da Zona ou da LGEA.

ii. Atribui tarefas aos professores, especialmente a atribuição de disciplinas, o que, se for feito corretamente, conduzirá a uma melhor realização do currículo.

iii. Mantém e controla a disciplina entre os professores e entre estes e os alunos.

iv. Assegura a cooperação entre os pais e os professores e outros funcionários da escola.

v. Assegura a existência de uma relação cordial entre a escola e a comunidade em que vive.

3. **Professores de sala de aula**: Hohmann e Weikart (2002) afirmam que o professor é, antes de mais, um criador de currículos. Enquanto criadores de currículos, os professores devem compreender que o desenvolvimento de currículos é um processo complexo que exige um compromisso com uma filosofia educativa de base alargada; um conhecimento aprofundado do crescimento e desenvolvimento humanos; experiência prática com crianças e uma compreensão dos seus interesses; e uma capacidade de consolidar e interpretar um corpo de investigação em constante expansão sobre o ensino e a aprendizagem.

Hanga (2007), também afirmou que um professor é uma pessoa que transmite conhecimentos aos seus alunos ou estudantes em qualquer nível de ensino, seja ele formal ou informal. Na escola formal, é ele que implementa o currículo planeado e organizado através de métodos e técnicas. Para ser professor, tem de se submeter a um programa de formação a fim de possuir os conhecimentos e as competências necessários que o qualificarão para ser professor. Yusuf (2012), da mesma forma, opinou que o professor é o coração do currículo. Para que um professor seja eficaz e eficiente no desempenho das suas funções, deve possuir bons conhecimentos sobre a matéria. Acrescentou ainda que a qualificação do professor é a sua experiência e a perceção do seu papel no processo de ensino e aprendizagem.

O professor constitui a "pedra angular" da implementação do currículo, porque é sabido que é ele que decide o que ensinar e em que altura, mesmo quando algum tipo de esquema de ensino lhe foi previamente preparado. Ele interpreta o programa de estudos e divide-o em esquemas de ensino e planos de aula. Decide também quais os materiais didácticos a utilizar, a metodologia a adotar, o tempo a despender em cada aspeto e o equipamento ou o tempo a utilizar. Da mesma forma, um pessoal trabalhador, dedicado, qualificado (profissional) e cooperante, especialmente os professores, torna a implementação do currículo uma tarefa relativamente fácil.

4. **Rácio professor-aluno:** Sooter (2013), afirmou que a posição política de 1:25 não é implementada devido à falta de supervisão ou monitorização. De facto, uma vez que os empresários dominam o sector da ECCDE, a maximização do lucro é a sua principal preocupação. Assim, a contratação de mais professores para manter este rácio não é benéfica para eles, pelo que as instituições da primeira infância têm um rácio que depende das crianças disponíveis. Tor-Anyiin (2008) também afirmou que, embora as instituições superiores estejam agora a oferecer cursos de educação de infância, o não incentivo do Governo em termos de bolsas de estudo e a fraca remuneração financeira dos professores estão a bloquear muitas das oportunidades de frequentar esses cursos e ajudar as instituições. De facto, uma vez que os proprietários estão preocupados com o dinheiro, o seu pagamento não é encorajador para garantir que muitas pessoas se dediquem ao estudo da educação de infância.

5. **Cuidador:** De acordo com a UBEC (2013), o prestador de cuidados é alguém designado pela SUBEB, pela LGEA, pelo Comité de Gestão Escolar (SBMC) e/ou pela PTA para prestar os cuidados:

   i. Cuidados
   ii. Estimulação
   iii. Proteção
   iv. Orientação
   v. Supervisão das crianças dentro e fora da sala de aula

O prestador de cuidados deve ser uma pessoa com formação e, de preferência, do sexo feminino, interessada em compreender as crianças com quem se relaciona e os seus contextos culturais. O prestador de cuidados deve possuir atributos pessoais desejáveis, tais como amor, afeto, calor, paciência, tolerância e capacidade de responder às necessidades e interesses das crianças, etc. O papel principal do prestador de cuidados para a criança é o seguinte

a. dar amor
ii. prestar cuidados
iii. prestar apoio
iv. garantir a segurança
v. incentivar práticas democráticas, assegurando que tanto os rapazes como as raparigas participem ativamente em todas as actividades
vi. compreender o "momento de aprendizagem" do desenvolvimento ou o "alerta de bandeira vermelha" nas crianças à medida que crescem

O prestador de cuidados a crianças dos 0 aos 3 anos deve ser uma pessoa com conhecimentos básicos de literacia e não ter menos de 21 anos de idade. No entanto, no caso de crianças com idades compreendidas entre os 3 e os 5 anos, o prestador de cuidados deve ser, de preferência, uma das seguintes pessoas

i. ser titular do certificado de estudos da Nigéria (NCE),
ii. Enfermeira reformada
iii. Professor reformado
iv. outro reformado com formação académica
v. pessoa com, pelo menos, o certificado de conclusão do ensino secundário e com idade não inferior a 21 anos

6. Assistentes de berçário/auxiliares de professores: O currículo do NERDC

As directrizes (2008) referem que este pessoal faz parte integrante do pessoal dos jardins-de-infância, cujas funções são

i. prestar assistência durante as aulas e as actividades de grupo, mas não ensinar

ii. supervisionar as crianças durante as brincadeiras ao ar livre, as refeições ou quando estão na casa de banho

A sua presença constante contribui para o contacto com um adulto, o que é psicológica e socialmente desejável para as crianças nesta fase do seu desenvolvimento. Por conseguinte, as assistentes de creche devem possuir uma paciência inesgotável e uma verdadeira paixão e gosto pelas crianças. Esta categoria de pessoal deve possuir, no mínimo, o diploma de conclusão do primeiro ciclo do ensino básico e ter formação em cuidados e gestão de crianças, devendo igualmente ser capaz de prestar primeiros socorros simples a crianças.

7. Pessoal de segurança: UBEC (2013), destacou que a segurança é o ato de proteger a criança de:

i. ameaça
ii. perigo
iii. lesão
iv. perda

A segurança, por outro lado, é o esforço para reduzir as lesões físicas, tais como:

i. cortes
ii. ossos partidos
iii. física   doenças transmissíveis
iv. fome e discriminação psicológica ou estigmatização

v.   riscos

vi.   danos

A garantia de segurança e proteção favorece o desenvolvimento integral da criança. Os acidentes que ocorrem no ambiente da ECCDE podem ferir e causar danos permanentes a uma criança. É da responsabilidade do encarregado de educação proporcionar e manter um ambiente de aprendizagem sem acidentes, a fim de reduzir os riscos e os perigos.

8. **Associação de Pais e Professores:**   Olatoye e Ogunkola (2008), afirmaram que a Associação de Pais e Professores (APP) tem sido rigorosamente defendida na Nigéria nos últimos anos, com o objetivo de promover o envolvimento dos pais para melhorar os resultados educativos dos alunos. O número de associações de pais e professores tem vindo a aumentar e estas têm contribuído direta ou indiretamente para os resultados académicos dos alunos. Hanga (2016) afirmou também que a Associação de Pais e Professores (APP) é um organismo constituído por pais e professores que doam coletivamente fundos e materiais de qualquer tipo que sejam úteis para a realização do programa de uma escola.

É muito importante salientar que as infra-estruturas, os materiais didácticos, os materiais pedagógicos, os recursos humanos e os fundos são ferramentas básicas para um ensino eficaz. No entanto, quando estes são inadequados ou inexistentes, o currículo não será efetivamente implementado.

Capítulo 8

Coordenação e gestão na ECCDE

Para garantir o êxito da implementação do desenvolvimento dos cuidados e da educação na primeira infância na Nigéria, a NPE (2013), afirmou que tinha sido adoptada uma abordagem integrada para os cuidados e o apoio prestados às crianças com idades compreendidas entre os 0 e os 5 anos. Trata-se de uma abordagem holística em que se espera a intervenção de várias partes interessadas. Por conseguinte, tal exigiu o envolvimento de diferentes intervenientes a todos os níveis, incluindo a criação de Comités de Coordenação IECD a nível nacional, estatal e local. As principais responsabilidades destes comités, cujos membros foram explicitados, incluem, entre outras

1. Sensibilização e mobilização das partes interessadas para assegurar a participação colectiva no processo de Desenvolvimento Integrado da Primeira Infância (DPI).
2. Fazer recomendações a todas as partes interessadas para garantir disposições orçamentais adequadas.
3. Acompanhamento e garantia de uma aplicação participativa e comunitária da política da IECD.
4. Facilitar a institucionalização da investigação para uma base de referência contínua e participativa sobre a produção de dados por todas as partes interessadas no processo de implementação da IECD.
5. Identificar as necessidades de IECD nas comunidades e iniciar intervenções de autoajuda adequadas.

Gestão, controlo e supervisão

Gestão:

A UBEC (2013) salientou que a gestão é o processo de organização e controlo de materiais humanos e não humanos, que inclui as actividades dos prestadores de cuidados, das crianças e dos materiais no Centro ECCDE. Os diferentes níveis de gestão do ECCDE na Nigéria incluem os Ministérios de tutela (Educação, Saúde, Agricultura, Ambiente, Recursos Hídricos),

Assuntos das Mulheres, etc.), UBEC, SUBEBs, LGEAs, SBMCs e a Escola. Os papéis de cada órgão são explicitados a seguir:

a. **Ministérios sectoriais:** formulação de políticas, regulamentação e supervisão.
b. **UBEC e SUBEB:** ambos desempenham papéis de colaboração e apoio na formação, fornecimento de infra-estruturas e materiais didácticos, bem como no acompanhamento das actividades dos centros.
c. **LGEAs:** pagamento de salários e colocação de professores; supervisão do ensino e da aprendizagem nos Centros; distribuição de materiais didácticos; e apresentação de relatórios sobre as actividades dos Centros à SUBEB.
d. **SMBCs:** defesa, sensibilização e mobilização a nível das bases. Também colaboram com a direção da escola para melhorar a qualidade dos cuidados e dos estímulos. Alguns empregam mesmo cuidadores e ajudantes adicionais a tempo parcial para os centros e ajudam-nos com infra-estruturas, materiais, reparações e contribuição de recursos.
e. **A escola:** o diretor da escola é responsável pelo bom funcionamento das actividades quotidianas do centro e pelos exercícios de admissão.

Para uma gestão eficaz, são necessários e vitais para a execução do programa ECCDE os seguintes elementos

1. Professores/cuidadores qualificados e estáveis

2. Salas de aula/instalações
3. Materiais didácticos
4. Currículo (disponibilidade, formação e utilização)
5. Financiamento
6. Controlo e avaliação

De acordo com Bello (2003), o pessoal é o sangue da gestão organizacional e a gestão do pessoal a nível escolar representa a autoridade dada aos directores das escolas para se encarregarem de certas funções de pessoal nas suas escolas. Definiu o pessoal como recursos humanos, mão de obra, força de trabalho, empregados e trabalhadores que são ingredientes-chave para a realização bem sucedida de metas e objectivos organizacionais.

Monitorização e super-visão:

A UBEC (2013) salientou que a monitorização envolve acções de acompanhamento, que podem ser realizadas internamente pelo pessoal adequado e externamente por organismos externos. Na mesma linha, a supervisão é definida como o ato de proporcionar liderança através da orientação, do encorajamento, da assistência, do aconselhamento, da atualização e da estimulação das crianças e dos prestadores de cuidados no ambiente do ECCDE. Ambos os conceitos implicam a supervisão das actividades do Centro para melhorar a qualidade dos cuidados, do desenvolvimento, da instrução e do desempenho para a consecução das metas e dos objectivos estabelecidos. Sooter (2013) também postulou que nenhum plano educativo, por mais excelente que seja, pode ser efetivamente implementado se a supervisão escolar for ineficaz. Por conseguinte, os funcionários da organização em causa (Ministério da Educação do Estado ou SUBEB e LGEA) devem visitar e inspecionar o plano físico, os recursos humanos e outros recursos de um infantário proposto e, se estes forem considerados adequados, pode ser dada autorização para a escola arrancar.

É muito importante sublinhar que, quando o trabalho de equipa funciona, as escolas serão mais eficazes, daí a necessidade de todos os órgãos acima mencionados, incluindo os pais e as comunidades, participarem ativamente na gestão e manutenção de uma escola. Do mesmo modo, quando os professores se tornam mais dedicados e empenhados nas suas funções, o ensino e a aprendizagem serão bem sucedidos, conduzindo assim à realização de objectivos gerais e específicos.

Capítulo 9

Métodos de ensino

O termo "método de ensino" refere-se aos princípios gerais, aos métodos e às estratégias de gestão utilizados pelos professores na tradução do currículo. A escolha de um método de ensino depende do que, quem, quando e onde ensinar. As teorias de ensino dividem-se principalmente nas seguintes abordagens:

Abordagem centrada no professor

Neste tipo de abordagem, Teach.com (2014) afirma que os professores são a principal figura de autoridade, enquanto os alunos são vistos como "recipientes vazios", cujo papel principal é receber passivamente informações (através de palestras e instruções directas) com o objetivo final de testar e avaliar. O principal papel dos professores é transmitir informações aos seus alunos. Neste modelo, o ensino e a avaliação também são vistos como duas entidades separadas e a aprendizagem dos alunos é medida através de testes e avaliações objetivamente pontuados.

Abordagem centrada no aluno

Teach.com afirma que, embora os professores sejam uma figura de autoridade neste modelo, tanto os professores como os alunos desempenham um papel igualmente ativo no processo de aprendizagem. O papel principal do professor é orientar e facilitar a aprendizagem dos alunos e a compreensão global do material. A aprendizagem dos alunos é medida através de formas formais e informais de avaliação, incluindo projectos de grupo, portefólios de alunos e participação nas aulas. O ensino e a avaliação estão ligados; a aprendizagem dos alunos é continuamente medida durante a instrução do professor.

Por conseguinte, num contexto de ECCDE, o ensino deve basear-se numa abordagem centrada no aluno. Para além disso, o currículo, os conteúdos, os métodos, as infra-estruturas, os materiais didácticos e os recursos humanos devem ser concebidos de modo a ter em conta a idade, as capacidades, os interesses, as necessidades e os benefícios dos alunos.

Métodos de ensino adequados ao nível do ECCDE

Qualquer método de ensino adotado a este nível deve ser adequado às crianças e ao tema que está a ser ensinado. Yusuf (2012), opinou que os métodos de ensino têm normalmente o nome da atividade dominante utilizada no decurso da aula. Alguns destes métodos incluem a palestra, a discussão, a demonstração, o laboratório/experimento, a visita de estudo, a tarefa, o jogo, o ensino pelos pares, o projeto de dramatização e a descoberta.

De acordo com a UBEC (2013), os métodos de ensino necessários que correspondem à idade, ao interesse e às capacidades dos alunos na educação pré-escolar são a descoberta, as visitas de estudo, a dramatização, a narração de histórias e o jogo.

i.   **Aprendizagem à descoberta:**

Para Joolingen (1999), a aprendizagem por descoberta é o tipo de aprendizagem em que os aprendentes constroem o seu próprio conhecimento através da experimentação num domínio e da inferência de regras a partir dos resultados dessas experiências. A ideia básica subjacente a este tipo de aprendizagem é que, uma vez que os aprendentes podem conceber as suas próprias experiências no domínio e inferir as regras do domínio eles próprios, estão efetivamente a construir o seu conhecimento. Como resultado destas actividades construtivas, presume-se que os aprendentes compreenderão o domínio a um nível mais elevado do que quando a informação necessária é apenas apresentada por um professor ou por um ambiente de aprendizagem expositivo.

Borthick e Jones (2000) afirmam que, na aprendizagem por descoberta, os participantes aprendem a reconhecer um problema; a caraterizar uma solução; a procurar informação relevante; a desenvolver uma estratégia de solução; e a executar a estratégia escolhida. Na aprendizagem por descoberta colaborativa, os participantes estão imersos numa comunidade de prática e resolvem problemas em conjunto. De acordo com EduTech.com (2015), a literatura sobre a aprendizagem por descoberta apresenta frequentemente as seguintes vantagens

1. Apoia a participação ativa do aluno no processo de aprendizagem
2. Fomenta a curiosidade
3. Permite o desenvolvimento de competências de aprendizagem ao longo da vida
4. Personaliza a experiência de aprendizagem
5. Altamente motivador, uma vez que permite aos indivíduos a oportunidade de experimentar e
descobrir algo por si próprio
6. Baseia-se nos conhecimentos e na compreensão prévios dos alunos
7. Desenvolve um sentido de independência e autonomia
8. Tornar os alunos responsáveis pelos seus próprios erros e resultados
9. Aprendem tal como a maioria dos adultos, no trabalho e em situações da vida real.
10. Uma razão para registar o seu procedimento e as suas descobertas - por exemplo, não repetir
erros, uma forma de analisar o que aconteceu e uma forma de registar uma vitória descoberta
11.Desenvolve competências criativas e de resolução de problemas
12. Descobre novas e interessantes vias de informação e aprendizagem - por exemplo, o molho feito com demasiado amido de milho pode tornar-se um meio de moldagem

ii.   Viagens de estudo:

As visitas de estudo, de acordo com o Trinity College Dublin (2011), são viagens educativas a locais onde os estudantes têm a oportunidade de observar a disciplina que escolheram fora do contexto de uma sala de aula, recolher amostras e realizar investigação. Estas viagens podem proporcionar oportunidades educativas a estudantes de muitas disciplinas, incluindo geografia, geologia, botânica, arqueologia e outras que estudam o mundo natural ou humano. Yusuf (2012) definiu a visita de estudo como uma excursão efectuada fora da sala de aula com o objetivo de fazer observações relevantes e obter informações específicas. Acrescentou ainda que as visitas de estudo bem planeadas dão aos alunos a oportunidade de se empenharem ativamente na observação, recolha, classificação, estudo das relações e manipulação de objectos. Uma visita de estudo pode ser efectuada a locais como uma indústria química, um centro turístico, um jardim botânico, centros de serviços sociais como os correios, a junta de água, etc. No entanto, o professor deve ter em conta alguns factores antes de realizar uma visita de estudo que o ajudem a determinar se a viagem será ou não útil:

a. De interesse genuíno para os estudantes;
b. Adequado às suas idades e níveis de ensino;
c. Claramente relevantes para as metas e objectivos curriculares; e
d. Inserir-se naturalmente na sequência do trabalho dos alunos.

De acordo com Yusuf, as vantagens e desvantagens da visita de estudo são as seguintes

Vantagens:

1. Permite que os alunos tenham uma experiência em primeira mão de coisas reais, proporcionando assim experiências de aprendizagem que não podem ser trazidas para a sala de aula na prática.
2. Tende a relacionar as coisas estudadas na sala de aula com actividades reais fora da sala

de aula (ou seja, na sociedade ou na comunidade), tornando assim o trabalho da aula ou a matéria de ensino mais significativa e melhorando a compreensão da matéria por parte dos alunos.

3. Proporciona aos estudantes oportunidades valiosas para desenvolverem o interesse por algumas carreiras.
4. Ajuda a despertar o interesse dos alunos e a aumentar a sua motivação para aprender uma matéria e matérias relacionadas.
5. Expõe os alunos à forma como os aspectos de uma matéria estudada nas aulas se aplicam à vida quotidiana.
6. Torna os alunos observadores muito mais imaginativos e curiosos à medida que adquirem competências de observação cuidadosa e de relato preciso/objetivo do que observam.
7. Dá aos estudantes a oportunidade de interagir com especialistas, melhorando assim a aprendizagem.
8. A maioria das experiências de visitas de estudo exige o uso de todos os sentidos, o que faz com que os alunos adquiram uma visão completa do conceito, mais do que em qualquer outro modo de ensino das ciências.
9. A relação professor-aluno torna-se mais cordial e desenvolve-se de forma mais íntima durante as visitas de estudo, uma vez que as relações de proximidade são convidadas durante as saídas do que as normalmente exigidas pelas interacções formais na sala de aula e no laboratório.

Desvantagens:

1. É um processo moroso.
2. É difícil de planear e executar.
3. Existe o perigo de acidente durante a ida ou o regresso de uma visita de estudo e mesmo no local da visita de estudo.
4. Não é eficaz e viável se a escola tiver um grande número de alunos.
5. A sua execução é dispendiosa, uma vez que cria um encargo financeiro suplementar tanto para a escola como para os alunos, pois implica custos de transporte e de alimentação.

iii.   Dramatização:

De acordo com o sítio Web de ask.com (2015), o método de ensino da dramatização é referido como um conjunto de ferramentas de ensino que incluem técnicas tradicionais de teatro, como a imitação, a improvisação, a narração de histórias, a representação de papéis e os jogos. Na dramatização, é dada muita ênfase ao envolvimento dos alunos através de actividades interactivas, enquanto o ensino dramático também é integrado em muitos tipos diferentes de currículo. A Wikipédia (2011) afirma que há muitas formas de utilizar o método de ensino da dramatização na sala de aula, que tem as seguintes vantagens e desvantagens:

Vantagens:

1. Os professores podem utilizá-lo para ajudar os alunos a aprofundar os conhecimentos sobre as aulas.
2. Desenvolve conceitos e temas ou serve como meio para testar os conhecimentos dos alunos.

Desvantagens:

1. As técnicas criativas de dramatização trazem muitas vezes um pouco de caos ao processo de aprendizagem.
2. Os professores guiam os seus alunos através deste caos criativo, mantendo-se dentro da estrutura do currículo.

A Wikipédia (2011) afirma ainda que os professores podem optar por utilizar métodos de ensino dramáticos, como o professor no papel, a narração de histórias ou imagens fixas. No método do professor no papel, o professor assume um papel de personagem para orientar o debate sobre um tópico. O professor pode utilizar vestuário ou adereços para dar mais profundidade ao papel, e o professor responde às perguntas dos alunos enquanto está na personagem. No entanto, no método de narração de histórias, o professor dá vida ao assunto através de histórias. As histórias incorporam informação chave do curso e transformam-na numa história convincente que é contada com as próprias palavras do professor. No método das imagens fixas, o professor dá instruções aos alunos para formarem um círculo e cada aluno recria, à vez, com o seu corpo, uma imagem fixa que representa um tópico ou uma ideia específica.

Os benefícios da utilização do teatro nas aulas de Inglês como Segunda Língua (ESL)/Inglês como Língua Estrangeira (EFL), de acordo com Boudreault (2015), são que o teatro tem o potencial de capacitar os alunos; dá-lhes muitas oportunidades de se orgulharem do seu trabalho; e ensina-lhes responsabilidade, resolução de problemas, gestão e direção. As muitas actividades de trabalho em equipa obrigam os alunos a desenvolver competências organizacionais e a pensar com os pés bem assentes na terra.

iv.   Jogar:

De acordo com o MOE Trinidad e Tobago (2006), este método proporciona um contexto poderoso no qual as crianças aprendem, uma vez que se envolvem ativamente a nível social, emocional, físico e intelectual com pessoas e objectos. Na brincadeira, as crianças têm oportunidade de explorar, descobrir, experimentar, manipular materiais, resolver problemas, pensar criticamente, tomar decisões e correr riscos. Também lhes permite praticar competências, mostrar disposições e testar hipóteses sem medo de falhar, fornecendo-lhes assim as bases para o pensamento representacional, a linguagem, a cognição e a socialização. O jogo também oferece contextos significativos para examinar questões como a equidade, a justiça, a paz, a privacidade e a responsabilidade, permitindo que as crianças considerem alternativas e tomem medidas para resolver as desigualdades enquanto jovens cidadãos numa sociedade.

É óbvio que, durante a brincadeira, as crianças adquirem novos conhecimentos, competências e atitudes, e desenvolvem-se para serem fortes, saudáveis e sociais devido à sua interação com outras crianças. Do mesmo modo, as crianças ficam felizes e descontraídas durante e após o jogo, bem como reforçam as suas disposições em todos os aspectos do currículo com base nas interacções com outras pessoas e no feedback que recebem.

De acordo com Yusuf (2012), as vantagens e desvantagens do método play-way são as seguintes

Vantagens

1. O método permite que os alunos escolham livremente qualquer atividade a realizar.
2. Os alunos têm liberdade para experimentar o que estão a aprender.
3. Os alunos recebem formação para serem autónomos.
4. Muito adequado para o infantário e para os níveis mais baixos da classe primária.

Desvantagem

1. É bastante moroso.

Capítulo 10

Benefícios do desenvolvimento e da educação na primeira infância

O ECCDE desempenha um papel significativo na formação do desempenho académico dos alunos dos 0 aos 8 anos. Foi neste contexto que a UNICEF (2010) definiu a primeira infância como um período de notável desenvolvimento do cérebro que lança as bases para a aprendizagem posterior. O ECCDE é igualmente reconhecido como um direito na Convenção sobre os Direitos da Criança de 1989, que deve, por conseguinte, ser considerado como um benefício nas primeiras fases da vida de uma criança. Apoia a sobrevivência, o crescimento, o desenvolvimento e os hábitos de saúde das crianças, para além de melhorar o desempenho das crianças nos primeiros anos de educação formal e contribuir para outros objectivos da EPT e dos ODM.

O desenvolvimento dos cuidados na primeira infância e o ensino pré-primário são amplamente reconhecidos como tendo um impacto significativo no desempenho das crianças, não só nos programas de ensino básico, mas também nos níveis de ensino seguintes. Por exemplo, Biswas (2013) salientou que o ensino pré-primário se tornou uma estratégia popular para proteger as crianças do abandono do ensino formal em todo o mundo. Do mesmo modo, o ensino pré-primário assegura uma transição suave para o ensino primário e lança as bases para a aprendizagem ao longo da vida.

Biswas acrescentou que o desenvolvimento de uma criança começa no seio da família e depende sobretudo dos pais. Os pais instruídos são capazes de preparar os seus filhos para uma entrada harmoniosa no ensino formal, mas, sem dúvida, os pais sem instrução são incapazes de o fazer. Por conseguinte, a proteção contra o abandono do ensino formal de uma criança é muito necessária para uma nação. Por esta razão, o ensino pré-primário é especial e essencialmente importante para qualquer nação.

Noutra perspetiva, Oguntuashe (2010), opinou que as crianças cujo desenvolvimento no início da vida recebe apoio são mais produtivas na vida, enquanto a UNICEF 1998, afirmou que estas crianças repetem as aulas com menos frequência na escola primária; concluem a escola primária com mais frequência; necessitam de menos programas de recuperação; e são menos susceptíveis ao absentismo e a tendências criminosas.

Oguntuashe argumentou ainda que o investimento no ECCDE parece ser uma forma racional de combater as taxas de insucesso maciço observadas no desempenho das crianças no West African School Certificate Examination (WASCE), tendo indicado os seguintes benefícios do programa de desenvolvimento e educação na primeira infância

1. O investimento no ECCDE facilita a consecução da equidade social e de género, ao proporcionar uma base sólida a partir da qual as crianças de meios desfavorecidos, as que têm necessidades especiais, as raparigas e outras que são vítimas de discriminação podem recorrer mais tarde na vida.
2. A intervenção precoce permite que a criança crie laços não só com os seus pais, mas também constitui um importante ponto de entrada na sua comunidade. Isto prepara o terreno para a mobilização social, o empenhamento cívico, a participação, o patriotismo e outros aspectos semelhantes.
3. Crianças com experiências perceptivas e motoras variadas numa idade precoce afectam positivamente a estrutura e a organização das vias neuronais no cérebro durante o período de formação, afectando assim favoravelmente a aprendizagem de todos os tipos mais tarde na vida. Também demonstra que as crianças cujas mães interagem com elas de forma consistente e carinhosa serão mais bem nutridas e menos susceptíveis de adoecer do que as crianças que não são assistidas dessa

forma.

4. A melhoria dos cuidados e do desenvolvimento na primeira infância significa uma melhoria noutros programas integrados, como os cuidados de saúde materno-infantis (com a consequente redução da mortalidade/morbilidade materna e infantil).

Do mesmo modo, Swartout (2015) argumentou que a educação na primeira infância pode produzir ganhos significativos na aprendizagem e no desenvolvimento das crianças. Uma educação de alta qualidade na primeira infância ajuda muitas crianças em risco a evitar maus resultados, como o abandono escolar. Embora os benefícios pareçam ser transversais a todas as linhas económicas e sociais, os ganhos mais significativos são sempre observados entre as crianças de famílias com os níveis de rendimento mais baixos e com menos educação formal. Além disso, os estudos também indicam que o ECCDE produz ganhos persistentes nas classificações dos testes de desempenho, juntamente com menos ocorrências de retenção num ano escolar e de colocação em programas educativos.

Com base nos resultados da investigação intitulada "Evaluation of the Implementation of Early Childhood Care Development and Education Curriculum in the North-West Geo-Political Zone of Nigeria", Hanga (2016), afirmou que o programa ECCDE prepara as crianças para o ensino primário e outros níveis de ensino. Do mesmo modo, os alunos que passaram pelo programa tiveram um melhor desempenho académico e obtiveram notas mais elevadas em comparação com os seus homólogos que não passaram pelo programa. Além disso, essas crianças pareciam saudáveis e bem nutridas. Além disso, uma vez que o programa ECCDE lança as bases da aprendizagem e do desenvolvimento subsequentes, é essencial que seja disponibilizado a todas as crianças nigerianas, a fim de melhorar o seu bem-estar.

REFERÊNCIAS

Aguisiobo, B. N. (2003). Desenvolvimento do currículo de cuidados na primeira infância. *Revista de Estudos Curriculares da Nigéria. 10 (2) 287-292*

Anwuka, T.G (2001). *Curriculum Development for Responsive Education in 3rd World Countries.* Capa Publishers Owerri

Ask.com (2015). *Método de Dramatização de Ensino.* Retrieved September 13, 2015 from www.ask.com/.../dramatizationmethod...

Badat, S. (2004). Garantia da Qualidade do Ensino Superior e Transformação Social: The Governance Quality and the Quality of Governance of Metropolis (FOTIM) International Quality Assurance Conference Joanesburgo, África do Sul.

Bello, A. B. (2003). The Place of School-Base Personnel Management in Enhancing the Development and Achievement of Professional Teachers (O lugar da gestão do pessoal de base da escola na melhoria do desenvolvimento e dos resultados dos professores profissionais): *The Journal of the Department of Education,* Bayero University, Kano. Nigéria

Biswas, M.H.A. (2013). Universal Pre-Primary Education: A Comparative Study. *Revista Americana de Investigação Educacional,* 1(1), 31-36. Recuperado de books google.com.ng/books?lsbn=1446245543

Borthick, A. F. & Donald, R. J. (2000). *A Motivação em um Collaborative Discovery Learning on-line e sua aplicação em um curso de garantia de sistemas de informação, Issues in Accounting Education.* Recuperado em 15 de maio de 2014   , de https://scholar.com/scholar...

Buoro, E. (2000). *Effects of Teachers Strategies and Material Resources on the Implementation of the 1980 National Curriculum for Senior Secondary Schools (*Dissertação de doutoramento, Universidade Ahmadu Bello, Zaria, Nigéria). Recuperado em 23 de agosto de 2014, de https:.//www.google.com/m?q=buort...

Cambridge International Examination *(2015). Desenvolvimento profissional. Recuperado em* 13 de julho de 2015 de www.com developmentCategories:

Cherry, K. (2015). *Uma visão geral do desenvolvimento da primeira infância.* Recuperado em 2 de março de 2015 de about Psychology.com/od/developmental psychology/ss/early

Ebertl, Ebert II & Bentley (2013). *Currículo.* Retrieved September 13, 2015 from www.education.com/.../curricular *Education.comwhat* is Early Childhood?

Edglossário (2013). *Ambiente.* Recuperado em 13 de setembro de   2015 de Edglossary.org/learning-environment Education-portal.com/... /aprendizagem-.

EduTech, (2012). *Aprendizagem pela descoberta.* Recuperado em 14 de junho de 2014, de EduTech WikiUniversite de Geneve Edutechwiki.unge.ch/.. ./Discovery-...

República Federal da Nigéria (2013). *Política Nacional de Educação. (6th ed)* Impresso por Yaba Lagos - Nigéria: NERDC Press

Fixson, D. L, Blase, K. A, Friedman, R. M, & Wallace, F. (2005). *Implementation Research: A Synthesis of the Literature Tampa, Flórida: University of South Florida, Louis de la Parte.* Instituto de Saúde Mental da Flórida, Rede Nacional de Pesquisa de Implementação. Publicação FMHI No. 231.

Gordon, A. M. & Browne, K. W. (2004). *O currículo de cuidados e educação na primeira infância, planeado ou não planeado, é tudo o que as crianças vêem, ouvem e sentem.* Obtido em 6 de junho de 2014, de www.informationvine.com/Answers

Guga, A. & Bawa, M. R. (2012). *Currículo e avaliação.* Zaria: Kareem e Guga Publishers.

Hanga, S. S. (2007). *A Comparative Analysis of Job Performance among NCE/CC and NCE/PES Teachers from Selected Primary Schools in Kano State. (*Dissertação de mestrado, Universidade Bayero de Kano) Nigéria.

Hanga S. S. (2016), Avaliação da Implementação do Currículo de Desenvolvimento e Educação da Primeira Infância na Zona Geopolítica do Noroeste da Nigéria (2004-2015). Dissertação de Doutoramento, Universidade Ahmadu Bello, Zaria Nigéria.

Hargreaves, A. (eds) (200o). *The Sharp Edge of Education Change: Teaching, Learning and the Realities of Reform:* Londres: Rutledge Falmer. Recuperado em 9 de abril de 2014, de Dspace.nmmu.ac.za: 8080/./.

Henson, K. T. (2001*). CurriculumPlanning   , Integrating, Multiculturalism,Constructivism, and Education Reform.* Nova Iorque: McGraw Hill. Recuperado em 9 de abril de 2014, de Amazon.com> Curriculum -Planning- Int.

Hohman, M., & Weikart, D. (2002). *Educar crianças pequenas.* YIP Silanti, Michigan: Recuperado em 22 de maio de 2014, de www.High/Scope press.

Ifeyinwa, M. F. (2007). *Implementação eficaz dos conteúdos curriculares:* Um estudo de caso da Escola Primária Aice Staff. Recuperado em 23 de fevereiro de 2015, de Amazon.com> Curriculum-Planning-Intri.

Jacob, S. (2012). Ambiente e espaço físico do estabelecimento para crianças. *Documento apresentado na Política Nacional de Educação e na Norma Mínima Nacional para os Centros de Cuidados da Primeira Infância na Nigéria*: An Overview. Comissão Universal de Educação Básica, Abuja, Nigéria.

st Jega, A. M.

(2007). Educação, Democracia e Integração Nacional na Nigéria nos anos 21
    Century Obtido em julho de 2014 de
    http://www.Ncsu.Edu/Nesu/Aern/Demoedu.Html. Acedido em

Joolingen, Van. (1999). Aprendizagem pela descoberta. Recuperado em 13 de julho de   2014 de
    edutechwiki.unige.ch > Descoberta_aprendizagem

Ministério da Educação de Trinidad e Tobago, (2006). *Guia Curricular Nacional de Cuidados e Educação na Primeira Infância: Governo da República de Trinidad e Tobago, Ministério da Educação.*

Política Nacional de Educação (2013) e Plano Estratégico Quadrienal para o Desenvolvimento do Sector da Educação: 2011-2015 do Ministro Ruqayyatu Ahmad Rufa'i, OON Impresso pela NERDC Press Yaba Lagos - Nigéria. Impresso por NERDC Press Yaba Lagos - Nigéria.

Conselho de Desenvolvimento e Investigação Educacional da Nigéria (2007). *National Minimum Standard for Early Child Care Centres in Nigeria (Norma Mínima Nacional para Centros de Cuidados Infantis na Nigéria).* Yaba, Lagos: Imprensa do NERDC

Conselho de Investigação e Desenvolvimento Educativo da Nigéria (2008). *Directrizes curriculares para a escola pré-primária (infantário) nigeriana.*

Obanya, P. (2007). *Revitalização da Educação em África.* Ibadan: Stiring Horden Publishing Nig. Ltd.

Obinna, I. P. (2007). O papel do ensino eficaz na implementação do currículo.
    Jornal da Organização Curricular da Nigéria (CON), Vol. 14 No.(2)

Oguntuashe K. (2010). *Cuidados e Educação na Primeira Infância para o Desenvolvimento Holístico da Criança na Nigéria*   .   Obtido em 6 de abril de   2014, de
    www.unilag.edu.ng/opendocnew

Olatoye, R. A., & Ogunkola B. J. (2008). *O Papel da Associação de Pais e Mestres na Administração da Escola Secundária*   .   Retrieved March 252014   , from
    http://egobooksterschools.wwwdpress.com/.../the papel dos pais e professores

Onyeachu, J.A.E (2008). *Questões de implementação do currículo do ensino secundário na Nigéria: Problems and Prospects.A paper presented at the International and _th*
    7 Conferência Anual da Associação Nacional para o Desenvolvimento da Investigação. A. F.C.T College Education Zuba. Abuja 6 -10ᵗʰᵗʰ outubro.

Sooter, T. (2013).Educação na primeira infância na Nigéria: Issues and problems. *Revista de Educação e Investigação Social,* 3 (5): Departamento de Cuidados e Educação na Primeira Infância Faculdade de Educação, Katsina-Ala-Nigéria.

Suleiman, H. (2012). *Assessment of the Implementation of Universal Basic Education Programme in Nigeria (1999-2009),* (Doctoral dissertation, Ahmadu Bello University), Zaria, Nigéria.

Swartout-Carbei, 1 RN. D.M. (2015). *Desenvolvimento da primeira infância.* Recuperado de *http: www.healthofchildren.com Ef EarlychildhoodEducation.html#ix223Sssv786 u*

Teach.Com,(2014). Métodos de ensino. Recuperado em 11 de junho de   20154, de
    www.pinterest.com

Tor-Anyin, S. A. (2008). *Origin, Growth and Development of Pre-primary and Primary Education in Nigeria [Origem, crescimento e desenvolvimento do ensino pré-primário e primário na Nigéria].* Makurdi: Selfer Acadamic Press Ltd.

Trinity College Dublin (2011). *Viagens de estudo.* Recuperado em 6 de maio de   2014 de
    https://www.tcd.tc.ie/.../ Tic'... /viagens-de-campo...

Comissão do Ensino Básico Universal (2013). *Visita de estudo.* Recuperado em 6 de maio de 2014, de
    http:www.tcd.ie'.... /viagens-de-campo.ph.

Comissão do Ensino Básico Universal (2013). *Manual de Formação para o Desenvolvimento e Educação da Primeira Infância (ECCDE).* Publicado pela Comissão Universal do Ensino Básico, Wuse Abuja,

Organização das Nações Unidas para a Educação, a Ciência e a Cultura, (2014). *Primeira Infância.* Recuperado em 5 de junho de 2015, de *www.unesco.org/new/en/ education/themes/strengthening - ed*

Fundo Internacional de Emergência das Nações Unidas para a Infância, *(1991).Play. Convenção sobre o Direito da Criança:* Brincar = Aprender - Direito da Criança. Recuperado em 12 de abril de 2014 de udel.edu/~roberta/play/right.html

Fundo Internacional de Emergência das Nações Unidas para a Infância (2001). *Nós, as crianças: Cumprir as promessas da Cimeira Mundial para as Crianças.* Nova Iorque: Autor. Recuperado em 13 de abril de 2014, de UNICEF > sg-report.

Fundo Internacional de Emergência das Nações Unidas para a Infância (2003). *Os objectivos de desenvolvimento do milénio: They are about children.* Nova Iorque, NY 10007, EUA www.unicef.orgpubdoc@unicef.org.May 2003

Fundo Internacional de Emergência das Nações Unidas para a Infância, (2010). *Desenvolvimento da Educação na Primeira Infância:* Conferência Internacional do Gana realizada em Accra, Gana, de 2 a 6 de agosto de 2010. Recuperado em 4 de junho de 2014, de google.com.in *https://www.google.co.in/search?tbm=bks&hl=en&q=early+*

Wikipédia (2011). *Dramatização.* Recuperado em 11 de junho de   2015, de Wikipedia <wiki>Drama__teaching_teach... http://en.wikipedia.org/wiki/seminar

Yusuf, H. O. (2012). *Fundamentals of Curriculum and Instruction (Fundamentos do Currículo e da Instrução):* Publicado por Joyce Graphic Printers and Publishers, Kaduna Nigéria.

Zafeirakon, A. (2015). *Cuidados e Educação na Primeira Infância 2015 Parceria Global para a Educação.* RetrievedfromFebruary10 ,   2014,   from *globalpartnership.org/users/azaferi.com*

(CAPA INFERIOR)

A Guide to the Implementation of Early Childhood Care Development and Education Programme (Guia para a Implementação do Programa de Educação e Desenvolvimento de Cuidados na Primeira Infância) é um material de recurso útil para planeadores de currículos, decisores políticos, ministérios da educação, conselhos de educação, administradores escolares, organizações não governamentais, pais, professores, alunos e a sociedade em geral. O livro será de grande ajuda para os envolvidos na implementação do currículo ECCDE, para os proprietários de jardins-de-infância e, mais especialmente, para os alunos dos cursos ECCDE e seus professores. O livro contém as directrizes relevantes em relação à criação de um infantário em termos de infra-estruturas e dos recursos humanos e materiais necessários para a implementação do currículo do infantário. Destaca também os temas e tópicos relevantes para este nível de ensino, incluindo os materiais e métodos adequados a utilizar na implementação do currículo ECCDE.

SA'ADATU SANI HANGA

O Dr. Sa'adatu Sani Hanga obteve o grau de Doutor em Filosofia (Ph.D) em Currículo e Instrução pela Universidade Ahmadu Bello, Zaria; um Mestrado em Educação (Estudos Curriculares) pela Universidade Bayero, Kano; um Bacharelato em Educação (Estudos Islâmicos) pela Universidade Ahmadu Bello, Zaria; um Certificado de Educação da Nigéria (Estudos Hausa/Islâmicos) pela então Faculdade de Educação (atualmente Faculdade de Educação Sa'adatu Rimi), Kumbotso; e um Certificado de Professor de Grau II pela então Faculdade de Professores, Kano. Iniciou a sua carreira profissional no Conselho de Educação Primária do Estado de Kano, onde leccionou em algumas escolas primárias e foi Chefe de Departamento em algumas autoridades educativas locais na área metropolitana de Kano, antes de ser transferida para a sede do Conselho como Directora Adjunta do Departamento de Serviços Escolares (Unidade Curricular). Ocupou igualmente o cargo de coordenadora adjunta do programa especial de formação de professores do ensino primário no âmbito do mesmo Conselho. Atualmente, trabalha como professora no Aminu Kano College of Islamic and Legal Studies, em Kano. Sa'adatu tem um casamento feliz, filhos e algumas publicações de investigação em revistas nacionais e internacionais.

yes
I want morebooks!

Buy your books fast and straightforward online - at one of world's fastest growing online book stores! Environmentally sound due to Print-on-Demand technologies.

Buy your books online at
www.morebooks.shop

Compre os seus livros mais rápido e diretamente na internet, em uma das livrarias on-line com o maior crescimento no mundo! Produção que protege o meio ambiente através das tecnologias de impressão sob demanda.

Compre os seus livros on-line em
www.morebooks.shop

Printed by Books on Demand GmbH, Norderstedt / Germany